AF081318

www.ingramcontent.com/pod-product-compliance
Lightning Source LLC
LaVergne TN
LVHW010310070526
838199LV00065B/5507
9789358727944

ترجمہ اشرفی

(مصنف کی ہی کتاب 'سید التفاسیر' میں شامل ترجمہ قرآن مجید)

حصہ ٦، سورۃ الفتح تا الناس

سید محمد مدنی اشرفی جیلانی

جمع و ترتیب : اعجاز عبید، محمد عظیم الدین

© Taemeer Publications LLC

Tarjuma Ashrafi (Quran Urdu Translation) – Part:6

by: Syed Mohammed Madani Ashrafi

Edition: November '2024

Publisher :

Taemeer Publications LLC (Michigan, USA / Hyderabad, India)

ISBN 978-93-5872-794-4

9 789358 727944

مترجم یا مرتب یا ناشر کی پیشگی اجازت کے بغیر اس کتاب کا کوئی بھی حصہ کسی بھی شکل میں بشمول ویب سائٹ پر اَپ لوڈنگ کے لیے استعمال نہ کیا جائے۔ نیز اس کتاب پر کسی بھی قسم کے تنازع کو نمٹانے کا اختیار صرف حیدرآباد (تلنگانہ) کی عدلیہ کو ہو گا۔

© تعمیر پبلی کیشنز

کتاب	:	**ترجمہ اشرفی** (سورہ الفتح تا الناس)
مترجم	:	**سید محمد مدنی اشرفی جیلانی**
جمع و ترتیب	:	اعجاز عبید، محمد عظیم الدین
صنف	:	ترجمہ قرآن
ناشر	:	تعمیر پبلی کیشنز (حیدرآباد، انڈیا)
سالِ اشاعت	:	۲۰۲۴ء
صفحات	:	۳۱۰

فہرست

۴۸۔ سورۃ الفتح..................1

۴۹۔ سورۃ الحجرات..................10

۵۰۔ سورۃ ق..................16

۵۱۔ سورۃ الذاریات..................25

۵۲۔ سورۃ الطور..................34

۵۳۔ سورۃ النجم..................42

۵۴۔ سورۃ القمر..................50

۵۵۔ سورۃ الرحمٰن..................59

۵۶۔ سورۃ الواقعۃ..................68

۵۷۔ سورۃ الحدید..................79

۵۸۔ سورۃ المجادلۃ..................89

٥٩ـ سورة الحشر 97

٦٠ـ سورة الممتحنة 105

٦١ـ سورة الصف 111

٦٢ـ سورة الجمعة 116

٦٣ـ سورة المنافقون 119

٦٤ـ سورة التغابن 123

٦٥ـ سورة الطلاق 128

٦٦ـ سورة التحريم 133

٦٧ـ سورة الملك 138

٦٨ـ سورة القلم 145

٦٩ـ سورة الحاقة 153

٧٠ـ سورة المعارج 160

٧١ـ سورة نوح 166

٧٢ـ سورة الجن 171

٧٣ـ سورة المزمل 177

٧٤ـ سورة المدثر 182

٧٥ـ سورة القيامة 189

٧٦ـ سورة الإنسان 194

٧٧ـ سورة المرسلات 200

٧٨ـ سورة النبأ 205

٧٩ـ سورة النازعات 210

٨٠ـ سورة عبس 216

٨١ـ سورة التكوير 221

٨٢ـ سورة الإنفطار 225

٨٣ـ سورة المطففين 228

٨٤ـ سورة الإنشقاق 233

٨٥ـ سورة البروج 237

٨٦ـ سورة الطارق 240

87- سورة الأعلى	243
88- سورة الغاشية	246
89- سورة الفجر	249
90- سورة البلد	253
91- سورة الشمس	256
92- سورة الليل	259
93- سورة الضحى	262
94- سورة الشرح	264
95- سورة التين	266
96- سورة العلق	268
97- سورة القدر	271
98- سورة البينة	272
99- سورة الزلزلة	274
100- سورة العاديات	276

101 ـ سورة القارعة............................278
102 ـ سورة التكاثر............................280
103 ـ سورة العصر............................282
104 ـ سورة الهمزة............................283
105 ـ سورة الفيل............................285
106 ـ سورة قريش............................287
107 ـ سورة الماعون............................289
108 ـ سورة الكوثر............................291
109 ـ سورة الكافرون............................292
110 ـ سورة النصر............................294
111 ـ سورة المسد............................295
112 ـ سورة الإخلاص............................297
113 ـ سورة الفلق............................298
114 ـ سورة الناس............................300

۴۸۔ سورة الفتح

نام سے اللہ کے بڑا مہربان بخشنے والا O

۱۔ بیشک ہم نے فتح دے دی تمہیں، روشن فتح O

۲۔ تاکہ بخش دے تمہارے سبب سے اللہ جو پہلے ہوئے تمہارے اور جو پچھلے ہیں، اور پوری فرما دے اپنی نعمت کو تم پر، اور چلاتا رہے تمہیں سیدھی راہ O

۳۔ اور مدد فرمائے تمہاری اللہ، زبردست مدد O

۴۔ وہی ہے جس نے اتارا تسکین کو دلوں میں مسلمانوں کے، تاکہ بڑھ جائیں اپنے ایمان پر ایمان میں۔ اور اللہ ہی کا ہے سارا لشکر آسمانوں اور زمین کا۔ اور اللہ علم والا حکمت والا ہے O

۵۔ تاکہ داخل فرمائے ایمان والے مردوں اور عورتوں کو باغوں میں، کہ بہتی ہیں جن کے نیچے نہریں، ہمیشہ رہنے والے اس میں، اور اتار دے ان سے ان کی برائیوں کو۔ اور یہ اللہ کے یہاں بڑی کامیابی ہے O

۶۔ اور عذاب دے منافق مردوں اور عورتوں کو، اور مشرک مردوں اور عورتوں کو، رکھنے والے اللہ سے بدگمانی۔ انہیں پر ہے بدی کا چکر۔ اور غضب فرمایا اللہ نے ان پر اور پھٹکار دیا انہیں، اور تیار کر رکھا ہے ان کے لئے جہنم۔ اور کتنا برا ہے پھرنے کا ٹھکانہ O

۷۔ اور اللہ کے ہیں سارے لشکر آسمانوں اور زمین کے۔ اور اللہ زبردست حکمت والا ہے O

۸۔ بیشک بھیجا ہم نے تم کو چشم دید گواہ، اور خوشخبری دینے والا، اور ڈر سنانے والا O

۹۔ تاکہ تم لوگ مان ہی جاؤ اللہ اور اس کے رسول کو، اور تعظیم کروان کی، اور توقیر کروان کی، اور پاکی بولو اس کی صبح و شام O

۱۰۔ بیشک جو بیعت کریں تمہاری، وہ بیعت کرتے ہیں اللہ ہی کی۔ اللہ کا ہاتھ ان کے ہاتھوں کے اوپر ہے، تو جس نے عہد شکنی کی، تو وہ عہد شکنی کرتا ہے اپنے برے کو۔ اور جس نے پورا کر دیا جس پر عہد کیا تھا اللہ سے، تو جلد دے گا اسے بڑا ثواب O

۱۱۔ اب کہیں گے جو پیچھے رہ گئے تھے گنوار کہ "پھنسائے رکھا ہم کو ہمارے مال اور ہمارے اپنوں نے، تو مغفرت کی دعا کیجئے ہمارے لئے"۔ "بولتے ہیں اپنی زبانوں سے جو نہیں ہے ان کے دلوں میں۔ پوچھو کہ "پھر کون مجال رکھتا ہے تمہارے لئے اللہ کے

آگے کچھ، اگر اس نے چاہا تمہیں بگاڑنے کو، یا اس نے چاہا تمہاری بنانے کو؟'' بلکہ اللہ جو کچھ کرتے رہتے ہو اس سے خبردار ہے O

۱۲۔   بلکہ سمجھے تھے تم کہ ''ہرگز نہ لوٹیں گے رسول اور مسلمان لوگ اپنے اپنوں کی طرف کبھی،'' اور سنوار دی گئی تھی یہ بات تمہارے دلوں میں، اور رکھ لی تھی تم نے بدگمانی۔ اور تم برباد ہونے والے لوگ تھے O

۱۳۔   اور جس نے نہ مانا اللہ اور اس کے رسول کو، تو ہم نے تیار کر رکھی ہے کافروں کے لئے دہکتی آگ O

۱۴۔   اور اللہ ہی کی ہے شاہی آسمانوں اور زمین کی۔ بخشے جسے چاہے اور عذاب دے جسے چاہے۔ اور اللہ غفور رحیم ہے O

۱۵۔   اب کہیں گے جو پیچھے بیٹھ رہے تھے، جہاں چل پڑے تم اموال غنیمت کی طرف کہ لے لو تم اسے کہ ''ہمیں آزادی دو کہ ہم بھی چلیں تمہارے ساتھ۔'' چاہتے ہیں کہ ''بدل دیں اللہ کے وعدہ کو۔''

کہہ دو کہ ''ہرگز نہیں چل سکتے تم ہمارے ساتھ۔ ایسا ہی فرما چکا ہے
اللہ پہلے سے۔'' تو اب کہیں گے کہ ''بلکہ تم حسد رکھتے ہو ہم سے۔''
بلکہ وہ سمجھتے ہی نہیں، مگر کم O

۱۶. کہہ دو پیچھے رہ جانے والے گنواروں سے کہ ''اب بلائے جاؤ
گے تم سخت جنگجو قوم کی طرف کہ جہاد کرو ان سے، یا وہ مسلمان ہو
جائیں۔ اب اگر کہا مانو گے، تو دے گا تمہیں اللہ اچھا ثواب۔ اور اگر
پھر گئے تم جیسا کہ پھر گئے تھے پہلے، تو دے گا تمہیں دکھ والا
عذاب O

۱۷. نہیں ہے کوئی جرم اندھے پر، اور نہ لنگڑے پر، اور نہ بیمار
پر۔ اور جو کہا مانے اللہ اور اس کے رسول کا، داخل کرے گا اسے
باغوں میں، بہتی ہیں جن کے نیچے نہریں۔ اور جو پھر جائے گا، دے گا
اسے دکھ والا عذاب O

۱۸.   یقیناً ضرور راضی ہو گیا اللہ مسلمانوں سے جب بیعت کر رہے تھے تمہاری درخت کے نیچے۔ تو اسے معلوم تھا جو کچھ ان کے دلوں میں ہے، پھر اتاری تسکین ان پر، اور ثواب دیا انہیں جلد فتح پانے کا O

۱۹.   اور بہت سا مال غنیمت جس کو وہ لوگ لیں۔ اور اللہ زبردست حکمت والا ہے O

۲۰.   وعدہ دیا تمہیں اللہ نے بکثرت غنیمتوں کا کہ لیتے رہو گے جنہیں، پھر جلدی فرما دی تمہارے لئے اس کی، اور روک دیا لوگوں کے ہاتھوں کو تم سے۔ اور تاکہ ہو جائے نشانی مسلمانوں کے لئے، اور چلاتا رہے تم لوگوں کو سیدھی راہ O

۲۱.   اور دوسری، کہ نہیں بس تھا تمہارا جس پر، بیشک گھیرے میں رکھا تھا اللہ نے جس کو۔ اور اللہ ہر چاہے پر قدرت والا ہے O

۲۲۔ اور اگر جنگ کی تم سے جنہوں نے کفر کیا ہے، تو بھاگیں گے پیٹھ دکھا کر، پھر نہ پائیں گے کوئی یار اور نہ مددگار O

۲۳۔ اللہ کا دستور جو ہوتا رہا پہلے سے۔ اور ہر گز نہ پاؤ گے اللہ کے دستور میں تبدیلی O

۲۴۔ وہی ہے جس نے روک رکھا ان کے ہاتھوں کو تم سے، اور تمہارے ہاتھوں کو ان سے، وادی مکہ میں۔ بعد اس کے کہ جتا دیا تم کو ان پر۔ اور اللہ جو کچھ کرتے ہو اس کا نگراں ہے O

۲۵۔ وہ لوگ ہیں جنہوں نے کفر کیا اور روکا تمہیں مسجد حرام سے، اور قربانی کے جانور رکا ہوا، کہ پہنچ جائے اپنی جگہ۔ بتا دیا جاتا اگر نہ ہوتی یہ بات کہ 'کچھ مسلمان مرد اور مسلمان عورتیں، جنہیں تم لوگ نہیں جانتے، یہ کہ روند ڈالو گے تم انہیں، پھر پہنچے تمہیں ان کی طرف سے کوئی ضرر انجانی میں۔ تاکہ داخل فرمائے اللہ اپنی رحمت میں جسے

چاہے۔ ''اگروہ الگ ہو جاتے، تو یقیناً ہم عذاب دیتے انہیں جنہوں
نے کفر کیا ان میں سے، دکھ والا عذاب O

۲۶. جب کہ کی کافروں نے اپنے دل میں ہٹ، جاہلیت کی ہٹ،
تو اتارا اللہ نے اپنی تسکین کو اپنے رسول پر، اور مسلمانوں پر اور لازم
کر دیا ان پر خوف خدا کے کلمہ کو، اور تھے وہ زیادہ حقدار اور اہلیت
والے اس کے، اور اللہ ہر ایک کا جاننے والا ہے O

۲۷. (بے شک اللہ نے سچ دکھا دیا اپنے رسول کو خواب بالکل
ٹھیک کہ ''ضرور داخل ہو گے تم مسجد حرام میں، انشاء اللہ امن وامان
سے۔ منڈاتے اپنے سروں کو، اور کترواتے۔ نہ خوف کھاؤ گے تم۔
تو اللہ نے جان لیا جو تم لوگوں نے نہ جانا۔ تو کر دیا اس کے پہلے ایک
قریب کی فتح کو O

۲۸۔ وہ وہی ہے جس نے بھیجا اپنے رسول کو ہدایت اور دین حق کے ساتھ، تاکہ غالب کر دے اسے ہر ایک دین پر۔ اور اللہ کافی گواہ ہے O

۲۹۔ کہ محمد اللہ کے رسول ہیں۔ اور جو ان کے اصحاب ہیں، سخت ہیں کافروں پر، رحم دل ہیں آپس میں، انہیں دیکھو گے رکوع کرتے ہوئے، سجدہ میں پڑے ہوئے، چاہتے ہیں فضل کو اللہ سے اور خوشنودی کو۔ ان کی پہچان ہے ان کے چہروں میں سجدوں کے نشان سے۔ یہ بیان ہے ان کا توریت میں، اور ذکر ہے ان کا انجیل میں کہ "جیسے کھیتی ہے۔ جس نے نکالی اپنی سوئی، پھر اسے قوت دی، پھر موٹی ہوئی، پھر اپنی جڑ پر کھڑی ہو گئی، بھلی لگے کاشتکاروں کو،" تاکہ جل بھنیں اس سے سارے کافر۔ وعدہ دیا اللہ نے انہیں، جو ایمان لائے اور نیکیاں کیں ان میں سے، مغفرت اور بڑے ثواب کا O

۴۹۔ سورة الحجرات

نام سے اللہ کے بڑا مہربان بخشنے والا O

۱. اے ایمان والو! نہ بڑھو اللہ اور اس کے رسول کے آگے۔ اور ڈرتے رہو اللہ کو۔ بیشک اللہ سننے والا علم والا ہے O

۲. اے ایمان والو! نہ اونچی کرو اپنی اپنی آوازوں کو، آنحضرت کی آواز پر۔ اور نہ چلاؤ وہاں بات کرنے میں ایک دوسرے سے چلانے کی طرح، کہ اکارت ہو جائیں گے تمہارے اعمال، اور تم بیخبر ہی رہو گے O

۳. بیشک جو پست رکھیں اپنی آوازوں کو رسول اللہ کے پاس، تو وہی ہیں کہ کھرا کر دیا اللہ نے ان کے دلوں کو خوف خدا کے لئے۔ انہیں کے لئے مغفرت ہے اور بڑا ثواب O

۴. بیشک جو پکاریں تم کو حجروں کے باہر سے، ان کے بہتیرے عقل نہیں رکھتے O

۵. اور اگر وہ رکے رہتے، یہاں تک کہ برآمد ہوتے تم خود ان کی طرف، تو یقیناً بہتر ہوتا ان کے لئے۔ اور اللہ غفور رحیم ہے O

۶. اے ایمان والو! اگر لے آیا تمہارے پاس کوئی فاسق کسی خبر کو، تو خوب تحقیق کر لو، کہ مصیبت ڈال بیٹھو کسی قوم پر بیخبری میں، تو رہ جاؤ جو کر گزرو اس پر پچھتانے والے O

۷. اور جان لو کہ "بلاشبہ تم میں رسول اللہ ہیں، اگر مان لیا کریں تمہاری بہت سے کاموں میں، تو یقیناً تم مشقت میں پڑ جاتے، لیکن اللہ نے محبوب بنا دیا تمہیں ایمان کو، اور سجا دیا اسے تمہارے دلوں

میں، اورناگوار کردیا تمہیں کفر و نافرمانی و بے حکمی کو۔'' وہی ہیں رشد و ہدایت والے O

۸. اللہ کا فضل وکرم۔ اور اللہ علم والا حکمت والا ہے O

۹. اور اگر دو گروہ مسلمانوں کے باہم لڑپڑیں، تو صلح کرادو ان کے درمیان۔ پھر اگر زیادتی کی ایک نے دوسرے پر، تو لڑجاؤ اس سے جو زیادتی کررہا ہے، یہاں تک کہ وہ رجوع لائے اللہ کے حکم کی طرف۔ تو اگر رجوع لائے تو صلح کرادو ان کے درمیان انصاف سے، اور انصاف سے کام لیا کرو۔ بیشک اللہ پسند فرماتا ہے انصاف والوں کو O

۱۰. سارے مسلمان بھائی ہی ہیں، تو صلح کرادو اپنے بھائیوں میں، اور اللہ کو ڈرو کہ تم رحم کیئے جاؤ O

۱۱. اے ایمان والو! نہ ہنسی اڑائیں مرد کسی مرد کی، بہت ممکن ہے کہ وہ بہتر ہوں ان ہنسی اڑانے والوں سے۔ اور نہ عورتیں

عورتوں سے، ہو سکتا ہے وہ بہتر ہوں ہنسی اڑانے والیوں سے۔ اور نہ طعنہ دیا کرو اپنوں کو، اور مت برے برے رکھو آپس میں نام۔ کتنا برا نام ہے نافرمانی کرنے کا ایمان لانے کے بعد۔ اور جس نے توبہ نہ کی، تو وہی زیادتی کرنے والے ہیں O

۱۲. اے ایمان والو! بچو بہتیرے گمان سے۔ بلاشبہ کوئی کوئی گمان گناہ ہوتا ہے، اور عیب جوئی نہ کیا کرو، اور نہ غیبت کرے ایک دوسرے کی۔ کیا پسند کرے گا تم میں کوئی کہ "کھائے اپنے مرے بھائی کا گوشت۔" اس کو تو تم نے ناگوار قرار دیا۔ اور ڈرتے رہو اللہ کو۔ بیشک اللہ توبہ قبول فرمانے والا رحم والا ہے O

۱۳. اے لوگو! بلاشبہ ہم نے پیدا فرمایا تم سب کو ایک مرد اور ایک عورت سے، اور بنا دیا تمہیں کئی شاخیں اور کئی قبیلے، تاکہ باہم پہچان رکھو۔ بیشک تمہارا زیادہ عزت والا اللہ کے نزدیک تم میں سب سے زیادہ خدا سے ڈرنے والا ہے، بیشک اللہ علم والا خبردار ہے O

۱۴.   بولے گنوار کہ ''ہم نے مان لیا۔'' کہہ دو کہ ''تم نے مانا نہیں، '' لیکن کہو کہ ''ہم دب گئے۔'' ''اور ابھی نہیں داخل ہوا مان جانا تمہارے دلوں میں۔'' اور اگر کہا مانو اللہ اور اس کے رسول کا، تو نہ کمی فرمائے گا تمہارے اعمال سے کچھ، بیشک اللہ غفور و رحیم ہے O

۱۵.   مان جانے والے وہی ہیں جو مان گئے اللہ اور اس کے رسول کو، پھر ذرا شک نہ کیا، اور جہاد کیا اپنے اپنے مال اور جان سے اللہ کی راہ میں۔ وہی ہیں سچے O

۱۶.   کہہ دو کہ ''کیا جتاتے ہو اللہ کو اپنا دین۔'' اور اللہ جان رہا ہے جو کچھ آسمانوں اور جو کچھ زمین میں ہے۔ اور اللہ ہر ایک کا جاننے والا ہے O

۱۷۔ احسان دھرتے ہیں تم پر کہ مسلمان ہو گئے۔ کہہ دو کہ "مت احسان رکھو مجھ پر اپنے اسلام کا۔ "بلکہ اللہ احسان رکھتا ہے تم پر کہ راہ دی تمہیں ایمان کی، اگر تم سچے ہو O

۱۸۔ بیشک اللہ جانتا ہے سارا غیب آسمانوں اور زمین کا۔ اور اللہ نگراں ہے جو کچھ تم کر رہے ہو O

۵۰۔ سورة ق

نام سے اللہ کے بڑا مہربان بخشنے والا O

۱۔ ق... قسم ہے قرآن مجید کی O
۲۔ بلکہ اچنبھے میں پڑ گئے لوگ کہ آ گیا ان کے پاس ڈر سنانے والا انہیں میں سے، تو بولے کافر لوگ "یہ عجیب چیز ہے O
۳۔ کیا جب ہم مر چکے، اور ہو گئے مٹی؟ یہ دوبارہ واپسی دور ہے O

۴.　بیشک ہم جانتے رہے جو کچھ گھٹا دے گی زمین انہیں۔ اور ہمارے یہاں نوشتہ ہے یادداشت والا O

۵.　بلکہ جھٹلایا انہوں نے حق کو جب کہ آچکا ان کے پاس، تو وہ، ''کبھی یہ کبھی وہ'' میں پڑے ہیں O

۶.　تو کیا نہیں نگاہ کی آسمان کی طرف اپنے اوپر؟ کہ کیسا قبہ بنایا ہم نے اسے، اور سنوارا اس کو، اور نہیں ہے اس میں کوئی شگاف O

۷.　اور زمین کو پھیلا دیا ہم نے، اور گاڑ دیئے اس میں پہاڑ، اور اگایا اس میں سے ہر طرح کے خوشنما جوڑے O

۸.　دیکھنے اور سمجھنے کو ہر بندہ کے لئے جو رجوع لانے والے O

۹.　اور اتارا ہم نے آسمان سے بابرکت پانی، پھر اگائے اس کے سبب سے باغ، اور کھلیان کا غلہ O

۱۰.　اور کھجور کے اونچے اونچے درخت، جس کے تہ بہ تہ گچھے O

۱۱. روزی سارے بندوں کی، اور زندہ کر دیا ہم نے اس سے مردہ آبادی کو۔ اسی طرح سے تمہارا نکلنا ہوگا O

۱۲. جھٹلایا ان کے پہلے نوح کی قوم نے، اور چاہ رس والوں نے، اور ثمود نے O

۱۳. اور عاد نے، اور فرعون نے، اور لوط کی برادری والوں نے O

۱۴. اور جھاڑی والوں نے، اور تبع کی قوم نے، سب نے جھٹلایا رسولوں کو، تو درست نکلا ہمارا عذاب کا وعدہ O

۱۵. تو کیا ہم تھک گئے تھے پہلی بار بنانے میں؟ بلکہ وہ شبہ میں ہیں نئے بننے سے O

۱۶. اور بیشک پیدا فرمایا ہم نے انسان کو، اور ہم جانتے ہیں جو وسوسہ ڈالا کرتا ہے اس کا نفس۔ اور ہم کہیں زیادہ نزدیک ہیں اس کے رگ جان سے O

۱۷. جب لیتے رہتے ہیں دو لینے والے داہنے بائیں بیٹھے O

۱۸. نہیں بولتا کوئی بول، مگر اس کے پاس نگراں مستعد O

۱۹. اور آگئی جاں کنی کی سختی حق کے ساتھ۔ کہ اسی سے تو بھاگتا تھا O

۲۰. اور پھونکا گیا صور میں۔ یہ ہے وعدہ عذاب کا دن O

۲۱. اور آئی ہر جان، اس کے ساتھ ایک ہانکنے والا ہے، اور ایک گواہ ہے O

۲۲. کہ بلاشبہ تو غفلت میں پڑا تھا اس سے۔ اب ہٹا دیا ہم نے تجھ سے تیرے پردہ کو، تو تیری نگاہ آج تیز ہے O

۲۳۔ اور بولا اس کے ساتھ رہنے والا کہ "یہ نامہ اعمال ہے جو ہمارے پاس تیار ہے O

۲۴۔ تم دونوں جھونک دو جہنم میں سب بڑے ناشکرے ضدی کو O

۲۵۔ بہت روکنے والا خیر خیرات سے، سرکش شک میں پڑا رہنے والا O

۲۶۔ جس نے بنا لیا اللہ کے ساتھ دوسرے معبود کو، تو ڈال دو اسے سخت عذاب میں O

۲۷۔ بولا اس کا ساتھی شیطان کہ "پروردگار! نہیں سرکش کیا میں نے اس کو، لیکن یہ تھا خود ہی دور کی گمراہی میں O

۲۸۔ فرمان ہوا کہ "تم لوگ مت جھگڑو ہمارے پاس، حالانکہ بلاشبہ پہلے بھیج چکا میں تمہاری طرف عذاب کا وعدہ O

۲۹۔ نہیں پلٹتی بات میرے یہاں، اور نہ میں زیادتی کرنے والا ہوں بندوں پر O

۳۰۔ جس دن کو ہم پوچھیں گے جہنم سے کہ "کیا تو بھر چکی؟" اور وہ جواب دے گی کہ "کچھ اور زیادہ ہے؟ O

۳۱۔ اور نزدیک لائی جائے گی جنت خدا سے ڈرنے والوں کے، کہ دور نہ رہے O

۳۲۔ یہ ہے جس کا وعدہ دئیے گئے تھے تم، ہر توبہ کرنے والے لحاظ رکھنے والے کے لئے O

۳۳۔ جو ڈر گیا خدائے مہربان کو بے دیکھے، اور لایا رجوع کرنے والا دل O

۳۴۔ جاؤ اس میں سلامتی سے۔ یہ ہے ہمیشگی کا دن O

۳۵۔ ان کے لئے ہے جو چاہیں اس میں، اور ہمارے یہاں اور زیادہ ہے O

۳۶۔ اور کتنی برباد کر دیں ہم نے ان کے پہلے کئی امت جو زیادہ سخت تھے ان سے پکڑ میں۔ تو چھان ڈالا انہوں نے شہروں میں کہ کیا کوئی بھاگنے کی جگہ ہے O

۳۷۔ بیشک اس میں یقیناً نصیحت ہے اس کے لئے جس کے دل ہے، اور اس نے کان لگایا، اور وہ متوجہ ہے O

۳۸۔ اور بیشک پیدا فرمایا ہم نے آسمانوں، اور زمین کو اور ان کے درمیان کو، چھ دن میں۔ اور نہیں چھو گئی ہمیں کوئی تکان O

۳۹۔ تو صبر کرتے رہو اس پر جو وہ بکتے ہیں، اور پاکی بولو اپنے رب کی حمد کے ساتھ، سورج نکلنے سے پہلے، اور ڈوبنے سے پہلے O

۴۰۔ اور رات کو بھی پاکی بولتے رہو اس کی، اور ہر سجدہ والی عبادتوں کے بعد O

۴۱۔ اور خوب سن رکھو جس دن پکارے گا پکارنے والا قریب جگہ سے O

۴۲۔ جس دن سنیں گے چیخ کو حق کے ساتھ۔ یہ ہے قبر سے نکلنے کا دن O

۴۳۔ بیشک ہم ہی جلائیں، اور ہم ہی ماریں، اور ہماری ہی طرف پھر کر آنا ہے O

۴۴۔ جس دن کہ پھٹ جائے گی زمین، ان سے جلدی جلدی نکل پڑنے والے۔ یہ حشر ہم پر آسان ہے O

۴۵۔ ہم خوب جانتے ہیں جو کچھ وہ کہتے رہتے ہیں، اور تم نہیں ہو ان پر زبردستی کرنے والے ... تو نصیحت سناؤ قرآن سے جو ڈرے میرے ڈرانے کو O

۵۱۔ سورۃ الذاریات

نام سے اللہ کے بڑا مہربان بخشنے والا O

۱۔ قسم ہے ہواؤں کی، پھیل کر غبار اڑانے والیاں O

۲۔ پھر بادل کا بوجھ اٹھانے والیاں O

۳۔ پھر نرم چلنے والیاں O

۴۔ پھر حکم کے موافق بانٹنے والیاں O

۵۔ کہ جس کا وعدہ دئیے جاتے ہو، یقیناً سچ ہی ہے O

۶۔ اور بیشک انصاف ضرور ہونے والا ہے O

۷.	قسم ہے جالی دار آسمان کی O

۸.	بیشک تم لوگ یقیناً، کبھی ہاں، کبھی نہیں، کی بولی میں پڑے ہو O

۹.	اوندھایا جاتا ہے اس سے وہی جو جنم کا اوندھا گیا ہے O

۱۰.	گردن ماری جائے اٹکل اڑانے والوں کی O

۱۱.	جو خود اپنی غفلت میں بھولے ہیں O

۱۲.	پوچھتے ہیں کہ 'کب ہے انصاف کا دن؟ O

۱۳.	اس دن کہ وہ آگ پر رکھے جائیں گے O

۱۴.	کہ چکھو اپنا فتنہ۔ یہی ہے جس کی جلدی مچاتے تھے تم O

۱۵.	بیشک اللہ سے ڈرنے والے باغوں اور چشموں میں ہیں O

۱۶.	لینے والے جو کچھ دیا انہیں ان کے رب نے۔ بیشک یہ تھے اس سے پہلے احسان والے O

۱۷. یہ تھے رات کو کم سوتے O

۱۸. اور پچھلی رات میں یہ استغفار کرتے تھے O

۱۹. اور ان کے مالوں میں حق تھا سوالی اور بے سوالی کا O

۲۰. اور زمین میں نشانیاں ہیں یقین والوں کے لئے O

۲۱. اور خود تم لوگوں میں۔ تو کیا نظر سے کام نہیں لیتے؟ O

۲۲. اور آسمان میں تمہاری روزی ہے، اور وہ جس کا وعدہ دیئے جاتے ہو O

۲۳. تو قسم ہے آسمان و زمین کے رب کی کہ بیشک یہ یقیناً حق ہے اسی طرح جیسے تم بولتے ہو O

۲۴. کیا آچکی تمہارے پاس ابراہیم کے معزز مہمانوں کی بات O

۲۵. کہ جب وہ داخل ہوئے ان پر، تو بولے 'سلام، جواب دیا 'سلام،، انجان لوگ O

۲۶۔ پھر چلے گئے اپنے گھر والوں کی طرف، تو لے آئے بھنا ہوا بچھڑا O

۲۷۔ پھر نزدیک کر دیا اسے ان مہمان کی طرف، بولے کہ "کیا تم لوگ نہیں کھایا کرتے؟ O

۲۸۔ تو دل میں لگے ڈرنے ان سے، وہ بولے کہ 'ڈریے نہیں۔" اور خوشخبری دی علم والے بیٹے کی O

۲۹۔ تو سامنے آئیں ان کی بی بی شور کرتی، پھر اپنا ماتھا ٹھونکا، اور بولیں کہ "بڑھیا بانجھ کے؟ O

۳۰۔ ان مہمانوں نے کہا کہ "ایسا ہی فرمایا ہے آپ کے رب نے۔" بیشک وہ حکمت والا علم والا ہے O

۳۱۔ پوچھا کہ "کیا مہم ہے تم لوگوں کی اے قاصدو؟ O

۳۲۔   سب نے جواب دیا کہ "ہم بھیجے گئے ہیں جرائم پیشہ لوگوں کی طرف O

۳۳۔   تاکہ چھوڑیں ان پر مٹی کے بنے پتھر O

۳۴۔   نشان دئیے ہوئے آپ کے رب کے یہاں، حد سے بڑھ جانے والوں کے لئے O

۳۵۔   تو نکال لئے ہم نے جو تھے اس میں ایمان والے O

۳۶۔   تو نہ پایا ہم نے اس میں ایک گھر کے سوا کوئی مسلمان O

۳۷۔   اور رکھ چھوڑی ہم نے اس میں نشانی ان کے لئے جو ڈریں دکھ والے عذاب کو O

۳۸۔   اور موسیٰ میں بھی، جب کہ بھیجا تھا ہم نے انہیں فرعون کی طرف روشن سند کے ساتھ O

۳۹۔ تو وہ پھر گیا مع اپنے ارکان کے، اور بولا کہ "جادوگر ہے یا پاگل ہے O

۴۰۔ تو پکڑا ہم نے اسے اور اس کے لشکروں کو، تو جھونک دیا انہیں دریا میں، اور وہ اپنی ملامت کر رہا تھا O

۴۱۔ اور عاد میں بھی، جب کہ چھوڑ دی ہم نے ان پر بے برکت آندھی O

۴۲۔ نہیں چھوڑتی کچھ جس پر گزری، مگر کر دیا اسے جیسے گلی سڑی O

۴۳۔ اور ثمود میں بھی جبکہ کہا گیا انہیں کہ رہ سہہ لو ایک وقت تک O

۴۴۔ تو سرکشی کی اپنے رب کے حکم سے، تو پکڑا انہیں خاص کڑک نے اور وہ دیکھ رہے ہیں O

۴۵۔ تو نہ سکت تھی انہیں کھڑے ہونے کی، اور نہ تھے بدلہ لے سکنے والے O

۴۶۔ اور نوح کی قوم پہلے سے۔ بلاشبہ وہ تھے نافرمان لوگ O

۴۷۔ اور آسمان کو بنایا ہم نے ہاتھوں سے، اور بیشک ہم اس کو وسیع کرنے والے ہیں O

۴۸۔ اور زمین کو بچھایا ہم نے، تو کتنا اچھا ہم بچھانے والے ہیں O

۴۹۔ اور ہر چیز سے پیدا فرمایا ہم نے دو جوڑے، کہ تم لوگ دھیان کرو O

۵۰۔ تو بھاگ چلو اللہ کی طرف۔ بیشک میں تمہیں اس سے کھلا کھلا ڈرانے والا ہوں O

۵۱.	اور مت بناؤ اللہ کے ساتھ دوسرا معبود۔ بیشک میں تمہارے لئے اس سے صاف صاف ڈرانے والا ہوں O

۵۲.	اسی طرح نہ آیا ان کے پاس جو پہلے تھے، کوئی رسول، مگر وہ کہا کئے کہ ''جادوگر ہے یا پاگل ہے O

۵۳.	کیا وہ ایک دوسرے کو اس کی وصیت کر کے مرا کئے؟ بلکہ وہ لوگ سرکش ہیں O

۵۴.	تو منہ پھیر لو ان سے، کہ تم پر کوئی الزام نہیں O

۵۵.	اور سمجھاتے بجھاتے رہو، کیونکہ بلاشبہ سمجھانا کام آتا ہے ایمان والوں کے O

۵۶.	اور نہیں پیدا فرمایا میں نے جن اور انسان کو، مگر تاکہ پوجیں مجھے O

۵۷. میں نہ مانگوں ان سے کوئی روزی، اور نہ چاہوں کہ کھانا دیں مجھے O

۵۸. بیشک اللہ ہی روزی دینے والا، قوت والاقدرت والا ہے O

۵۹. تو بلاشبہ جنھوں نے اندھیر مچایا ہے، ان کے لئے ایک باری ہے، جیسے ان کے اگلے ساتھیوں کی باری تھی، تو جلدی نہ مچائیں O

۶۰. تو ہلاکی ہے ان کی جنھوں نے کفر کیا ان کے اس دن کی، جس کا وعدہ دیئے جاتے ہیں O

۵۲۔ سورۃ الطور

نام سے اللہ کے بڑا مہربان بخشنے والا O

۱.   قسم ہے طور کی O

۲.   اور اس نوشتہ کی O

۳.   جو کھلے دفتر میں O

۴.   اور بیت المعمور کی O

۵.   اور اس اونچی چھت کی O

۶.   اور بھڑ کائے ہوئے سمندر کی O

۷۔ کہ بلاشبہ تمہارے رب کا عذاب یقیناً ہونے والا ہے O

۸۔ نہیں ہے اس کا کوئی ٹالنے والا O

۹۔ جس دن کو گھومتے پھریں گے آسمان ہل ہل کر O

۱۰۔ اور چلیں گے پہاڑ اڑ اڑ کر O

۱۱۔ تو ہلاکی ہے اس دن جھٹلانے والوں کے لئے O

۱۲۔ جو بیہودگی میں پڑے کھیل رہے ہیں O

۱۳۔ جس دن کہ دھکیلے جائیں گے جہنم کی آگ کی طرف دھکا دے کر O

۱۴۔ کہ 'دیہ ہے وہ آگ! جس کو جھٹلایا کرتے تھے تم O

۱۵۔ تو کیا یہ جادو ہے؟ یا تم لوگ نظر بندی میں پڑے ہو؟ O

۱۶۔ جاؤ اس میں خواہ صبر کر دیا نہ کرو۔ یکساں ہے تمہیں۔ اسی کا بدلہ دیئے جاتے ہو جو کیا کرتے تھے O

۱۷. بیشک اللہ سے ڈرنے والے، باغوں اور آرام میں ہیں O

۱۸. خوش خوش جو دے رکھا ہے انہیں ان کے رب نے۔ اور بچالیا انہیں ان کے رب نے عذاب جہنم سے O

۱۹. کہ "کھاؤ اور پیو مزے سے، بسبب اس کے جو عمل کیا کرتے تھے O

۲۰. تکیہ لگائے اپنے اپنے تختوں پر برابر بچھائے ہوئے۔ اور بیاہ دیا ہم نے انہیں بڑی بڑی آنکھ والی گوریوں سے O

۲۱. اور جو ایمان لائے اور پیچھے پیچھے رہی ان کے ان کی نسل ایمان کے ساتھ، تو ملا دیا ہم نے ان کے ساتھ ان کی نسل کو، اور نہیں کمی کی ہم نے ان کی ان کے اعمال سے کچھ۔ ہر ناکس نے جو کمائی کی اس میں پکڑا ہوا ہے O

۲۲۔ اور مدد فرمائی ہم نے ان جنتیوں کی میوہ اور گوشت سے ، جو چاہیں O

۲۳۔ چھین جھپٹ کی تفریح کیا کریں گے اس میں جام کی ، جس میں نہ بیہودگی ہے ، اور نہ جرم کاری O

۲۴۔ اور دور کریں گے ان پر ان کے غلام ، گویا کہ وہ موتی ہیں محفوظ O

۲۵۔ اور سامنے آئے ایک دوسرے کے پوچھ گچھ کرتے O

۲۶۔ کہنے لگے کہ "بلاشبہ ہم تھے پہلے اپنے لوگوں میں ڈرتے ہوئے O

۲۷۔ پھر احسان فرمایا اللہ نے ہم پر ، اور بچا لیا ہمیں گرم ہوا کے عذاب سے O

۲۸۔   بلاشبہ ہم تھے پہلے سے کہ دہائی دیتے تھے اس کی، بیشک وہ بڑا احسان فرمانے والا رحم والا ہے O

۲۹۔   تو نصیحت کرتے رہو کہ "نہیں ہو تم اپنے رب کے فضل سے کاہن اور نہ مجنوں O

۳۰۔   کیا یہ لوگ کہتے ہیں کہ "ایک شاعر ہے؟ ہم دیکھ رہے ہیں ان کے لئے بھی حوادث زمانہ کو O

۳۱۔   کہہ دو کہ "دیکھتے رہو، کہ بلاشبہ میں بھی دیکھنے والوں سے ہوں O

۳۲۔   کیا بتاتی ہے انہیں ان کی عقلیں یہ؟ یا وہ سرکش لوگ ہیں O

۳۳۔   آیا یہ کہتے ہیں کہ "خود ہی بنا لیا ہے اس قرآن کو،" بلکہ وہی بے ایمان ہیں O

۳۴. اچھا تو لے آئیں ایک بات بھی اس کے مثل، اگر وہ سچے ہیں O

۳۵. آیا وہ پیدا کیئے گئے ہیں بے کسی کے؟ یا وہی خود کو پیدا کرنے والے ہیں؟ O

۳۶. کیا انہیں نے پیدا کیا ہے آسمانوں اور زمین کو؟ بلکہ بے یقین لوگ ہیں O

۳۷. کیا انہیں کے پاس ہیں تمہارے رب کے خزانے؟ کیا یہی آزاد داروغہ ہیں؟ O

۳۸. یا ان کا ہے کوئی زینہ آسمان کا کہ سن آتے ہیں جس سے۔ تو پھر لائے ان کا سننے والا کوئی کھلی سند O

۳۹. کیا اس اللہ کے لئے بیٹیاں اور تمہارے اپنے لئے بیٹے؟ O

۴۰. کیا تم مانگتے ہو ان سے کوئی اجرت؟ تو وہ تاوان سے بوجھل ہیں O

۴۱. یا ان کے پاس غیب ہے؟ تو وہ جنم پتر قلمبند کرتے رہتے ہیں O

۴۲. یا وہ چاہتے ہیں چالبازی؟ تو جنہوں نے کفر کیا وہی داؤں کے مارے ہیں O

۴۳. کیا ان کا کوئی معبود ہے اللہ کے سوا؟ پاکی ہے اللہ کی اس سے جو شرک کرتے ہیں O

۴۴. اور اگر دیکھ ہی لیں کوئی ٹکڑا آسمان سے گرتا ہوا، تو بھی کہیں گے کہ "بادل ہے نیچے اوپر O

۴۵. تو چھوڑو انہیں یہاں تک کہ ملیں اپنے اس دن سے جس میں بے ہوش کیے جائیں گے O

۴۶. وہ دن کہ نہ کام آئے ان کے ان کی چالبازی کچھ، اور نہ وہ مدد کیئے جائیں گے O

۴۷. اور بیشک ان کے لئے جنھوں نے اندھیر مچا رکھا ہے ایک عذاب ہے، اس عذاب آخرت سے ادھر ہی، لیکن ان کے بہتیروں کو علم نہیں O

۴۸. اور جمے رہو اپنے رب کے حکم کے لئے، کیونکہ تم ہماری آنکھوں کی نگرانی میں ہو، اور پاکی بولتے رہو اپنے رب کی حمد کے ساتھ جب تم اٹھ کھڑے ہو O

۴۹. اور کچھ رات کو بھی پاکی بولتے رہو اس کی، اور تاروں کے پیٹھ دیتے وقت O

۵۳۔ سورۃ النجم

نام سے اللہ کے بڑا مہربان بخشنے والا O

۱. قسم ہے نم کی، جب کہ نیچے اترے O

۲. کہ نہ بہکا تمہارے ساتھ رہنے والا مالک، اور نہ بھٹکا O

۳. اور نہیں بولتے اپنے جی سے O

۴. ان کی ہر بات وحیٔ الٰہی ہے جو کی جاتی ہے O

۵. سکھایا اس کو سخت قوتوں والے O

۶. طاقتور نے، پھر متوجہ ہوا O

۷. اور وہ آسمان کے اونچے کنارے پر تھے O

۸. پھر قریب ہوا، پھر اور اتر آیا O

۹. تو رہ گیا دو کمانوں کا فاصلہ، بلکہ اس سے بھی کم O

۱۰. تو وحی کی اپنے بندہ کو جو وحی کی O

۱۱. دل نے جھوٹ نہ کہا، جو کچھ آنکھوں نے دیکھا O

۱۲. تو کیا تم لوگ جھگڑتے ہو ان سے ان کی چشم دید پر؟ O

۱۳. اور بیشک دیکھا اسے انہوں نے دوبارہ O

۱۴. سدرۃ المنتہیٰ کے پاس O

۱۵. اسی کے پاس جنت الماویٰ ہے O

۱۶. جب کہ چھائے ہے سدرہ کو جو چھائے ہے O

۱۷. نہ پھری آنکھ، اور حد سے باہر گئی O

۱۸. بیشک دیکھا اپنے رب کی نہایت بڑی بڑی نشانیاں O

١٩. توکیا تم لوگوں نے دیکھا ہے لات اور عزیٰ O

٢٠. اور اس تیسری منات کو؟ O

٢١. کیا تمہارے لئے بیٹا اور اس اللہ کے لئے بیٹی؟ O

٢٢. یہ تو پھر بے ڈھنگی تقسیم ہے O

٢٣. نہیں ہے وہ، مگر چند نام، کہ رکھ لیا جسے تم نے اور تمہارے باپ دادوں نے، نہیں نازل فرمایا اللہ نے اس کی کوئی سند۔ نہیں چلتے یہ لوگ مگر اپنے خیال پر اور جس کو ان کا جی چاہے۔ حالانکہ یقیناً آچکی ابن کے پاس ان کے رب کی طرف سے ہدایت O

٢٤. کیا ہر آدمی کے لئے وہی ہو جائے جس کی اس نے آرزو کی؟ O

٢٥. تو اللہ ہی کی ہے آخرت اور دنیا O

۲۶. اور کتنے فرشتے ہیں آسمانوں میں کہ نہ کام آئے گی ان کی سفارش کچھ، مگر اس کے بعد کہ اجازت دے دے اللہ جسے چاہے اور پسند فرمائے O

۲۷. بیشک جو نہیں مانتے آخرت کو، یقیناً نام رکھتے ہیں فرشتوں کا عورتوں جیسا نام O

۲۸. اور نہیں ہے انہیں اس کا کچھ علم۔ نہیں چلتے مگر خیال پر۔ اور بیشک وہم و گمان نہیں کام آتا حق کے بجائے کچھ O

۲۹. تو رخ پھیر لو اس سے جو پھر گیا ہماری یاد سے، اور نہ چاہا مگر دنیاوی زندگی O

۳۰. یہی پہنچ ہے ان کے علم کی ... بیشک تمہارا رب ہی خوب جانتا ہے جو بھکا اس کی راہ سے۔ اور وہ خوب جانتا ہے جس نے راہ پائی O

۳۱. اور اللہ ہی کا ہے جو کچھ آسمانوں اور جو کچھ زمین میں ہے۔ تاکہ بدلہ دے انہیں جنہوں نے برائی کی اس کا جو انہوں نے کیا، اور ثواب دے انہیں جنہوں نے نیکی کی اچھا O

۳۲. جو بچا کرتے ہیں کبیرہ گناہوں سے اور بے حیائیوں سے، مگر معمولی بھول چوک پر رک جانا، بیشک تمہارا رب وسیع مغفرت والا ہے۔ وہ خوب جانتا ہے تم لوگوں کو کہ جب تمہیں پیدا فرمایا مٹی سے، اور جب تم حمل کی صورت تھے اپنی اپنی ماں کے پیٹوں میں۔ تو مت پاکیزہ قرار دو خود اپنے کو۔ وہ خوب جانتا ہے جو اس سے ڈرا O

۳۳. کیا تم نے دیکھا اسے جو پھر گیا O

۳۴. اور کچھ دیا اور بند کر دیا O

۳۵. کیا اس کے پاس غیب کا علم ہے؟ تو وہ دیکھتا رہتا ہے O

۳۶. کیا نہیں با خبر کیا گیا جو موسیٰ O

۳۷.	وابراہیم کے صحیفوں میں ہے، جنھوں نے پوری وفاداری کیO

۳۸.	یہ کہ ''نہیں اٹھائی کوئی بوجھل جان دوسرے کے بوجھ کوO

۳۹.	اور یہ کہ ''نہیں ہے انسان کے لئے مگر یہی کوشش کر دیO

۴۰.	اور یہ کہ اس کی کوشش جلد ہی دیکھی جائے گیO

۴۱.	پھر بدلہ دیا جائے گا اس کا پورا پوراO

۴۲.	اور بیشک تمہارے رب کی طرف آخری منزل ہےO

۴۳.	اور بیشک اسی نے ہنسایا اور رلایاO

۴۴.	اور بیشک اسی نے مارا اور جلایاO

۴۵.	اور بیشک اسی نے پیدا فرمایا جوڑا، نر اور مادہO

۴۶.	نطفہ سے، جب ڈالا جائےO

۴۷. اور بیشک اس پر ہے آخری اٹھانا O

۴۸. اور بیشک اس نے مالدار غنی کیا O

۴۹. اور بیشک وہی شعریٰ نام کے ستارے کا بھی رب ہے O

۵۰. اور بیشک اس نے برباد کر دیا عاد نام کی پہلی قوم O

۵۱. اور ثمود، تو نہ باقی چھوڑا O

۵۲. اور نوح کی قوم کو ان سے پہلے کہ بلاشبہ وہ سب تھے بڑی اندھیر والے اور بڑے سرکش O

۵۳. و رالٹ پلٹ کی جانے والی بستی کو گرا دیا O

۵۴. تو اس پر چھایا جو کچھ چھایا O

۵۵. تو اپنے رب کی کن کن نعمتوں میں شک کر سکتا ہے؟ O

۵۶. یہ ڈرسنانے والے ہیں اگلے ڈرسنانے والوں سے O

۵۷. جلد آ گئی تیز آنے والی O

۵۸. نہیں ہے اس کا اللہ کے خلاف کوئی ہٹانے والا O

۵۹. تو کیا اس بات سے تم لوگ تعجب کرتے ہو؟ O

۶۰. اور ہنستے ہو، اور روتے نہیں O

۶۱. اور تم کھیل میں پڑے ہو O

۶۲. تو سجدہ کرو اللہ کا، اور پوجتے رہو O

۵۴۔ سورۃ القمر

نام سے اللہ کے بڑا مہربان بخشنے والا O

۱۔ قریب پہنچی قیامت، اور شق ہو گیا چاند O

۲۔ اور اگر دیکھ بھی لیں کوئی نشانی، تو رو گردانی ہی کریں اور کہہ دیں کہ "جادو ہے ہمیشہ والا" O

۳۔ اور جھٹلا دیا، اور چلے اپنی خواہشوں پر، اور ہر کام اپنے وقت پر ہونے والا ہے O

۴. اور بیشک آئیں ان کے پاس کتنی خبریں، جن میں تنبیہ تھی O

۵. نہایت درجہ کی حکمت، تو کیا کریں ڈر سنانے والے؟ O

۶. ابھی منہ پھیرے رکھو ان سے ....جس دن بلائے گا بلانے والا، ناگوار رشتے کی طرف O

۷. جھکائے اپنی آنکھوں کو نکلیں گے قبروں سے، گویا وہ ٹیڑی ہیں پھلی ہوئی O

۸. دوڑتے ہوئے بلانے والے کی طرف۔ کہیں گے کافر لوگ کہ ''یہ دن بڑا دشوار ہے O

۹. جھٹلایا تھا اس سے پہلے نوح کی قوم نے، تو جھٹلایا ہمارے بندوں کو اور بولے کہ پاگل ہے، اور وہ نوح جھڑکے گئے۔ O

۱۰۔ تو دہائی دی اپنے رب کی کہ "میں مظلوم ہوں، تو تو ہی بدلے O

۱۱۔ تو کھول دیا ہم نے آسمان کے درازوں کو موسلا دھار پانی سے O

۱۲۔ اور پھاڑ نکالے ہم نے زمین میں چشمے، تو مل گیا سب پانی اس مقدار میں، جو مقدار تھا O

۱۳۔ اور سوار کیا ہم نے نوح کو تختوں اور کیلوں والی سواری پر O

۱۴۔ کہ بہتی رہے ہماری نگہداشت میں، صلہ ان کا جن کا انکار کیا گیا تھا O

۱۵۔ اور بیشک چھوڑ رکھا ہم نے اسے نشانی کو، تو ہے کوئی نصیحت لینے والا؟ O

۱۶۔ تو کیسا رہا میرا عذاب اور خوفناک احکام؟ O

١٧. اور بیشک ہم نے آسان فرما دیا قرآن یاد کرنے کے لئے، تو
ہے کوئی یاد کرنے والا؟ O

١٨. جھٹلایا عاد نے، تو کیسا رہا میرا عذاب اور ڈراوٴنے احکام؟ O

١٩. بیشک ہم نے چھوڑا ان پر ہوا سخت آندھی، ہمیشہ کے
منحوس دن میں O

٢٠. اکھاڑ پھینکتی لوگوں کو، گویا وہ اکھڑی کھجوروں کے تنے ہیں O

٢١. تو کیسا رہا میرا عذاب اور ہیبت ناک فرمان؟ O

٢٢. اور بیشک آسان فرما دیا ہم نے قرآن کو یاد کرنے کے لئے،
تو ہے کوئی یاد کرنے والا؟ O

٢٣. جھٹلایا ثمود نے ڈر سنانے والوں کو O

٢٤. چنانچہ بولے کہ "کیا ہم میں سے ایک بشر کی ہم تابعداری
کریں؟ جب تو ہم یقیناً بیوقوفی اور جنون میں پڑے O

۲۵۔   کیا نصیحت کی ذمہ داری ان پر ڈالی گئی ہم سب میں سے؟ بلکہ وہ بڑے جھوٹے شیخی باز ہیں O

۲۶۔   جلد جان لیں گے یہ لوگ کل ہی کہ "کون بڑا جھوٹا ڈینگ مارنے والا ہے O

۲۷۔   بیشک ہم ہیں بھیجنے والے اونٹنی کو ان کی آزمائش کے لئے، تو اے صالح! ہم دیکھتے رہو انہیں، اور صبر سے کام لیتے رہو O

۲۸۔   اور انہیں بتا دو کہ "پانی ایک ایک دن کو ان میں بانٹا ہوا ہے، ہر پینے کی باری میں باری والا حاضر ہو O

۲۹۔   تو اس قوم نے آواز دی اپنے ساتھی کو، تو اس نے پکڑ کر کو چیں کاٹیں O

۳۰۔   تو کیسا رہا میرا عذاب اور دہشت ناک فرمان؟ O

۳۱.　کہ بیشک بھیج دی ہم نے ان پر ایک چنگھاڑ، تو ہو گئے جیسے
بیڑھا بنانے والوں کی روندی گھاس O

۳۲.　اور بیشک آسمان فرما دیا ہم نے قرآن کو یاد کرنے کے
لئے، تو ہے کوئی یاد کرنے والا؟ O

۳۳.　جھٹلایا لوط کی قوم نے ڈر سنانے والوں کو O

۳۴.　بیشک بھیجا ہم نے ان پر پتھراؤ والے کو، مگر لوط کی آل
جنھیں بچا لیا ہم نے پچھلی رات O

۳۵.　رحمت ہماری طرف سے، اسی طرح ثواب دیتے ہیں ہم
اسے جس نے شکر ادا کیا O

۳۶.　اور بلا شبہ انہوں نے ڈرایا سب کو ہماری پکڑ سے، پھر بھی
انہوں نے شک کیا خطرناک فرمان میں O

۳۷۔   اور بیشک ان لوگوں نے پھسلایا انہیں مہمانوں کے بارے میں ، تو ہم نے چوپٹ کر دی ان کی آنکھیں کہ ''اب چکھو میرا عذاب اور ڈر کے احکام کو O

۳۸۔   اور بیشک صبح تڑکے ان پر ٹھہرنے والا عذاب آیا O

۳۹۔   کہ ''اب چکھو میرا عذاب اور ڈر کے احکام کو O

۴۰۔   اور بیشک ہم نے آسان فرما دیا قرآن کو یاد کرنے کے لئے، تو ہے کوئی یاد کرنے والا O

۴۱۔   اور بیشک آئے فرعونیوں کے پاس ڈر سنانے والے O

۴۲۔   انہوں نے جھٹلایا ہماری ساری نشانیوں کو، تو پکڑا ہم نے ان لوگوں کو عزت والے قدرت والے کی پکڑ O

۴۳۔   کیا تمہارے کفار بہتر ہیں ان کافروں سے، یا تمہاری معافی ہے کتابوں میں؟ O

۴۴.   آیا یہ کہتے ہی کہ ''ہم سب مل کر بدلہ لینے والے ہیں O

۴۵.   ابھی بھی بھگائی جائے گی جمعیت اور پیٹھ پھیر دیے جائیں گے O

۴۶.   بلکہ قیامت بھی ان کے وعدہ کا مقام ہے، اور قیامت نہایت کڑی اور بیحد کڑوی ہے O

۴۷.   بے شک یہ مجرم لوگ حماقت و دیوانگی میں ہیں O

۴۸.   جس دن گھسیٹے جائیں گے آگ میں اپنے اپنے منہ کے بل کہ ''چکھو دوزخ میں آنے کو O

۴۹.   بیشک ہم نے ہر چاہے کو پیدا فرمایا اندازے سے O

۵۰.   اور نہیں ہے ہمارا کام مگر ایک بات کی بات، جیسے پلک مارنا O

۵۱۔ اور بیشک برباد کر دیا ہم نے تم لوگوں کے شیعوں کو، تو ہے کوئی سوچنے والا؟ O

۵۲۔ اور ہر کام جسے انہوں نے کیا نوشتوں میں ہے O

۵۳۔ اور ہر چھوٹی بڑی لکھی ہوئی ہے O

۵۴۔ بیشک اللہ سے ڈرنے والے باغوں اور نہر میں ہیں O

۵۵۔ سچائی کی بیٹھک میں، قدرت والے بادشاہ کے یہاں O

۵۵۔ سورۃ الرحمٰن

نام سے اللہ کے بڑا مہربان بخشنے والا O

۱۔ مہربان اللہ نے O

۲۔ سکھا دیا قرآن O

۳۔ پیدا فرمایا اس انسان کو O

۴۔ اور بتا دیا اسے کھول کر O

۵۔ سورج اور چاند حساب سے ہیں O

۶. اور بیل بوٹے اور درخت سجدہ میں پڑے ہیں O

۷. اور آسمانوں کو اس نے بلند فرمایا اور اسی نے رکھی ترازو

کو O

۸. کہ نہ گھٹ بڑھ کرو تول میں O

۹. اور قائم رکھو تول کو انصاف سے، اور نہ گھٹاؤ وزن کو O

۱۰. اور زمین کو اس نے رکھا مخلوق کے لئے O

۱۱. جس میں میوہ ہے۔ اور کھجور ہے غلافوں والی O

۱۲. اور اناج بھوسے والے، اور خوشبودار پھول O

۱۳. تو اسے جن و انس اپنے رب کی کن کن نعمتوں کو جھٹلاؤ

گے؟ O

۱۴. اس نے پیدا فرمایا عام انسان کو کھنکھناتی مٹی سے، ٹھیکری کی

طرح O

۱۵۔ اور اس نے پیدا فرمایا جنات کو آگ کی لپیٹ سے O

۱۶۔ تو تم دونوں اپنے رب کی کن کن نعمتوں کو جھٹلاؤ گے؟ O

۱۷۔ دونوں مشرق کا رب، اور دونوں مغرب کا رب O

۱۸۔ تو تم دونوں اپنے رب کی کن کن نعمتوں کو جھٹلاؤ گے؟ O

۱۹۔ اس نے بہائے دو دریا جو مل جاتے ہیں O

۲۰۔ تو ان کے درمیان رک ہے، کہ با ہم چڑھ نہیں سکتے O

۲۱۔ تو تم دونوں اپنے رب کی کن کن نعمتوں کو جھٹلاؤ گے؟ O

۲۲۔ نکلتا رہتا ہے ان دونوں سے موتی اور مونگا O

۲۳۔ تو تم دونوں اپنے رب کی کن کن نعمتوں کو جھٹلاؤ گے؟ O

۲۴۔ اور اسی کی ہیں چلنے والی کشتیاں اونچی اونچی، دریا میں جیسے پہاڑ O

۲۵۔ تو تم دونوں اپنے رب کی کن کن نعمتوں کو جھٹلاؤ گے؟ O

۲۶.   ہر ایک جو اس زمین پر ہے فنا ہونے والا ہے O

۲۷.   اور باقی رہے گی تمہارے رب جلال و عزت والے کی ذات O

۲۸.   تو تم دونوں اپنے رب کی کن کن نعمتوں کو جھٹلاؤ گے؟ O

۲۹.   مانگتا رہتا ہے اس سے ہر آسمان والا اور زمین والا۔ ہر دن وہ ایک شان میں ہے O

۳۰.   تو تم دونوں اپنے رب کی کن کن نعمتوں کو جھٹلاؤ گے؟ O

۳۱.   جلد ہی نبٹا دیں گے ہم تمہیں اے دونوں گروہ O

۳۲.   تو تم دونوں اپنے رب کی کن کن نعمتوں کو جھٹلاؤ گے؟ O

۳۳.   اے گروہ جن و انس! اگر سکت ہو تم میں، کہ نکل جاؤ کناروں سے آسمانوں اور زمین کے، تو نکل جاؤ۔ نہ نکل سکو گے بے قوت بن کر O

۳۴.	تو تم دونوں اپنے رب کی کن کن نعمتوں کو جھٹلاؤ گے؟ O

۳۵.	چھوڑی جائے گی تم دونوں پر آگ، خالص لپٹ... اور کالا دھواں، تو بدلہ نہ لے سکو گے O

۳۶.	تو تم دونوں اپنے رب کی کن کن نعمتوں کو جھٹلاؤ گے؟ O

۳۷.	تو جہاں پھٹ گیا آسمان، تو ہو گیا گلاب کا پھول، جیسے لال نری O

۳۸.	تو تم دونوں اپنے رب کی کن کن نعمتوں کو جھٹلاؤ گے؟ O

۳۹.	تو اس وقت حاجت نہ ہو گی کہ پوچھے جائیں اپنے گناہ کے بارے میں انسان اور جنات O

۴۰.	تو تم دونوں اپنے رب کی کن کن نعمتوں کو جھٹلاؤ گے؟ O

۴۱.	پہچان لیا جائے گا ہر ہر مجرم اپنی اپنی نشانی سے، تو پکڑا جائے گا پیشانیوں اور قدموں سے O

۴۲. توتم دونوں اپنے رب کی کن کن نعمتوں کو جھٹلاؤ گے ؟ O

۴۳. یہ ہے جہنم ! جسے جھٹلاتے تھے جرائم پیشہ لوگ O

۴۴. مارے پھریں گے اس جہنم میں اور بیحد کھولتے پانی میں O

۴۵. توتم دونوں اپنے رب کی کن کن نعمتوں کو جھٹلاؤ گے ؟ O

۴۶. اور اس کے لئے جو ڈرا کھڑے ہونے کو اپنے رب کے

حضور، دو باغ ہیں O

۴۷. توتم دونوں اپنے رب کی کن کن نعمتوں کو جھٹلاؤ گے ؟ O

۴۸. بکثرت شاخوں والے O

۴۹. توتم دونوں اپنے رب کی کن کن نعمتوں کو جھٹلاؤ گے ؟ O

۵۰. ان دونوں میں دو چشمے بہہ رہے ہیں O

۵۱. توتم دونوں اپنے رب کی کن کن نعمتوں کو جھٹلاؤ گے ؟ O

۵۲. ان دونوں میں ہر میوہ کے دو جوڑے ہیں O

۵۳۔ تو تم دونوں اپنے رب کی کن کن نعمتوں کو جھٹلاؤ گے؟ O

۵۴۔ تکیہ لگائے ایسے فرشتوں پر جن کے استر دبیز ریشمی کپڑے کے، اور دونوں باغ کے پھل قریب جھکے O

۵۵۔ تو تم دونوں اپنے رب کی کن کن نعمتوں کو جھٹلاؤ گے؟ O

۵۶۔ اس میں ہیں اپنے شوہر تک آنکھ رکھنے والیاں، کہ نہیں ہاتھ لگایا انہیں کسی انسان نے ان سے پہلے، اور نہ جنات نے O

۵۷۔ تو تم دونوں اپنے رب کی کن کن نعمتوں کو جھٹلاؤ گے؟ O

۵۸۔ گویا وہ یاقوت اور مونگا ہیں O

۵۹۔ تو تم دونوں اپنے رب کی کن کن نعمتوں کو جھٹلاؤ گے؟ O

۶۰۔ کیا ہے احسان کا بدلہ؟ بجز احسان کے O

۶۱۔ تو تم دونوں اپنے رب کی کن کن نعمتوں کو جھٹلاؤ گے؟ O

۶۲۔ اور انہیں چھوڑ کر دو اور باغ ہیں O

۶۳. تو تم دونوں اپنے رب کی کن کن نعمتوں کو جھٹلاؤ گے؟ O

۶۴. گہری سبزی سے سیاہی مائل O

۶۵. تو تم دونوں اپنے رب کی کن کن نعمتوں کو جھٹلاؤ گے؟ O

۶۶. اس میں دو چشمے ہیں جوش مارتے ہوئے O

۶۷. تو تم دونوں اپنے رب کی کن کن نعمتوں کو جھٹلاؤ گے؟ O

۶۸. ان دونوں میں ہیں میوہ، اور کھجور، اور انار O

۶۹. تو تم دونوں اپنے رب کی کن کن نعمتوں کو جھٹلاؤ گے؟ O

۷۰. ان میں ہیں عورتیں نیک خصلت خوبصورت O

۷۱. تو تم دونوں اپنے رب کی کن کن نعمتوں کو جھٹلاؤ گے؟ O

۷۲. گوری گوری پردہ نشین، خیموں میں O

۷۳. تو تم دونوں اپنے رب کی کن کن نعمتوں کو جھٹلاؤ گے؟ O

۷۴. نہیں ہاتھ لگایا انہیں کسی انسان نے ان سے پہلے اور نہ جنات نے O

۷۵. تو تم دونوں اپنے رب کی کن کن نعمتوں کو جھٹلاؤ گے؟ O

۷۶. تکیہ لگائے ہرے ہرے بستر، اور نفیس و نادر فرش پر O

۷۷. تو تم دونوں اپنے رب کی کن کن نعمتوں کو جھٹلاؤ گے؟ O

۷۸. بڑی برکت والا ہے نام تمہارے رب کا، جلال والا عزت والا O

۵۶۔ سورۃ الواقعۃ

نام سے اللہ کے بڑا مہربان بخشنے والا O

۱. جس وقت واقع ہو گئی واقع ہونے والی ساعت O

۲. نہ رہی اس کے واقع ہونے کو جھٹلانے والی ہستی O

۳. سرکشوں کو پست کرنے والی، پستوں کو بلند کرنے والی O

۴. جس وقت کہ ہلائی گئی زمین تھر تھر O

۵. اور ریزہ ریزہ کو دیئے گئے پہاڑ چور چور O

۶. تو ہو گئے روزن والی دھوپ کے غبار پریشان O

۷. اور ہو نکلے تم لوگ تین قسم کے O

۸. تو داہنے ہاتھ والے . . . کیا کہنا ہے داہنے ہاتھ والوں کا O

۹. اور بائیں ہاتھ والے کیسی شامت ہے بائیں ہاتھ والوں کی O

۱۰. اور سبقت لے جانے والے تو آگے بڑھ جانے والے

ہیں O

۱۱. وہی اللہ کے نزدیکی ہیں O

۱۲. راحت کے باغوں میں O

۱۳. ایک جتھا اگلوں سے O

۱۴. اور کچھ پچھلوں سے O

۱۵. جڑاؤ تختوں پر O

۱۶.	تکیہ لگائے آمنے سامنے بیٹھے O

۱۷.	دور چلائیں گے ان پر ہمیشہ رہنے والے لڑکے O

۱۸.	کوزوں اور آفتابوں ... اور بہتی ہوئی شراب سے بھرے جام کا O

۱۹.	نہ درد سر دیئے جائیں اس سے، اور نہ بے ہوش کئے جائیں گے O

۲۰.	اور میوہ جسے پسند کریں O

۲۱.	اور پرند کا گوشت جسے چاہیں O

۲۲.	نہ بڑی بڑی آنکھ والی گوریاں O

۲۳.	جیسے محفوظ پوشیدہ موتی کی مثال O

۲۴.	ثواب اس کا، جو عمل کرتے تھے O

۲۵.	نہ سنیں گے اس میں کوئی شور اور نہ بے جا بات O

۲۶. مگر یہ بولی کہ ''سلام سلام O

۲۷. اور داہنے ہاتھ والے . . . کیا کہنا ہے داہنے ہاتھ والوں کا O

۲۸. کانٹوں سے صاف بیریوں میں O

۲۹. اور کیلے کے گھود میں O

۳۰. اور لمبے لمبے دوامی سایہ میں O

۳۱. اور چلتے ہی رہنے والے پانی میں O

۳۲. اور بکثرت میوہ میں O

۳۳. جو کبھی نہ ختم ہوں، اور نہ رکاوٹ کی جائے O

۳۴. اور اونچے اونچے بستروں میں O

۳۵. بیشک ہم نے بنایا ان حوروں کو خوب O

۳۶. پھر کر دیا انہیں کنواریاں O

۳۷. چھیتیاں ہم عمر O

۳۸. داہنے ہاتھ والوں کے لئے O

۳۹. ایک جتھا اگلوں سے ہیں O

۴۰. اور ایک جتھا پچھلوں سے O

۴۱. اور بائیں ہاتھ والے ... کیسی شامت ہے بائیں ہاتھ والوں کی O

۴۲. جلتی لو، اور کھولتے پانی میں O

۴۳. اور کالے دھوئیں کے سایہ میں O

۴۴. نہ ٹھنڈی، نہ باعزت O

۴۵. بیشک یہ لوگ تھے اس کے پہلے آسودہ حال O

۴۶. اور اصرار کرتے رہے بڑے جرم پر O

۴۷. اور کہا کرتے تھے ... کہ "کیا جب مر گئے اور ہو گئے خاک اور ہڈیاں، تو کیا ہم اٹھائے جائیں گے؟ O

۴۸. اور ہمارے اگلے باپ دادے O

۴۹. کہہ دو کہ ''بیشک اگلے اور پچھلے O

۵۰. یقیناً اکٹھا کیئے جائیں گے جان بوجھنے دن کی میعاد پر O

۵۱. پھر بلاشبہ تم لوگ اے بے راہو. جھٹلانے والو O

۵۲. یقیناً کھانے والے ہو تھوہڑ کے درخت سے O

۵۳. تو بھرنے والے ہو اسی سے اپنے پیٹ O

۵۴. پھر پینے والے ہو اس پر کھولتا پانی O

۵۵. تو پینے والے ہو پیاسے اونٹ کی طرح O

۵۶. یہ ہے ان کی مہمانی، جزا کے دن O

۵۷. ہم نے پیدا فرمایا تمہیں، تو تم کیوں نہیں تصدیق کرتے؟ O

۵۸. تو ذرا بتاؤ کہ جو منی رحم میں پہنچاتے ہو O

۵۹۔ کیا تم لوگ اسے پیدا کرتے ہو، یا ہم پیدا فرمانے والے ہیں؟ O

۶۰۔ ہم نے قرار دے دیا تم میں مرنے کو، اور نہیں ہیں ہم پچھڑے O

۶۱۔ اس پر کہ بدل دیں تم جیسے، اور بنا دیں تمہیں ایسی صورت میں، جن کو تم جانتے ہی نہیں O

۶۲۔ اور بیشک جان چکے ہو تم پہلی اٹھان کو، تو کیوں نہیں سوچتے؟ O

۶۳۔ ذرا بتاؤ تو جو بویا کرتے ہو O

۶۴۔ کیا تم کھیتی بناتے ہو؟ یا ہم بنانے والے ہیں؟ O

۶۵۔ اگر ہم چاہیں تو یقیناً کر دیں اسے روندی ہوئی، تو رہ جاؤ باتیں بناتے O

٦٦. کہ ''بیشک ہم تو تاوان میں پڑ گئے O

٦٧. بلکہ ہم تو محروم ہی رہ گئے O

٦٨. تو ذرا یہ تو بتاؤ کہ جو پانی تم لوگ پیتے ہو O

٦٩. کیا تم لوگوں نے برسایہ اسے بادل سے، یا ہم برسانے والے ہیں؟ O

٧٠. اگر ہم چاہیں تو کر دیں اسے تلخ، تو کیوں نہیں شکر ادا کرتے ہو؟ O

٧١. ذرا یہ تو بتاؤ کہ جس آگ کو تم جلاتے ہو O

٧٢. کیا تم لوگوں نے بنایا اس کے درخت کو، یا ہم ہی بنانے والے ہیں؟ O

٧٣. ہم نے بنایا اس کو یادگار اور کارآمد، مساروں کے لیے O

٧٤. تو پاکی بولو اپنے عظمت والے رب کے نام کی O

۷۵۔ نہیں کیا میں قسم یاد کرتا ہوں چمکتوں کے اترنے کی جگہ کی 0

۷۶۔ اور بلاشبہ یقیناً یہ قسم اگر جانو تو بڑی ہے 0

۷۷۔ کہ بلاشبہ یہ یقیناً قرآن شریف ہے 0

۷۸۔ محفوظ نوشتہ میں 0

۷۹۔ نہ چھوئیں اس کو، مگر بالکل پاک 0

۸۰۔ اتارنا ہوا رب العالمین کی طرف سے 0

۸۱۔ تو کیا اس بات سے تم لوگ سستی برتنے والے ہو؟ 0

۸۲۔ اور بناتے ہو اپنی روزی، کہ تم لوگ جھٹلاتے رہتے ہو 0

۸۳۔ پھر کیوں نہ ہو کہ روح گلے تک کسی کے پہنچے 0

۸۴۔ اور تم لوگ اس وقت دیکھا کرتے ہو 0

۸۵۔ اور ہم تم سے زیادہ قریب ہیں اس کے، لیکن تم نہیں دیکھتے 0

۸۶. تو کیوں نہیں ہوتا، اگر ہو تم لوگ پوچھ گچھ نہ کئے جانے والے O

۸۷. کہ لوٹا لاؤ اس روح کو اگر سچے O

۸۸. پھر اگر وہ مرنے والا اللہ کے نزدیکوں سے ہے O

۸۹. تو راحت ہے اور پھول ہے . . . اور راحت کا باغ O

۹۰. اور اگر داہنے ہاتھ والوں سے ہے O

۹۱. تو اپنا سلام لو داہنے ہاتھ والوں سے O

۹۲. اور اگر جھٹلانے والوں بے راہوں سے O

۹۳. تو مہمانی ہے کھولتے پانی سے O

۹۴. اور جھونک دینا ہے جہنم میں O

۹۵. بیشک یہی یقیناً، ٹھیک یقین کی بات ہے O

۹۶. تو پاکی بولو اپنے عظمت والے رب کے نام O

۵۷۔ سورۃ الحدید

نام سے اللہ کے بڑا مہربان بخشنے والاO

۱. پاکی بولی اللہ کی سب نے جو کچھ آسمانوں اور زمین میں ہے۔
اور وہی زبردست حکمت والا ہےO
۲. اسی کی شاہی ہے آسمانوں اور زمین کی۔ جلاتا ہے اور مارتا
ہے۔ اور وہ ہر چاہے پر قدرت والا ہےO
۳. وہی اوّل ہے اور آخر ہے، اور ظاہر ہے اور باطن ہے۔ اور
وہ ہر ایک کا جاننے والا ہےO

۴. وہی ہے جس نے پیدا فرمایا آسمانوں اور زمین کو چھ دن میں، پھر متوجہ ہوا عرش پر۔ وہ جانتا ہے جو کچھ داخل ہو زمین میں، اور جو کچھ نکلے اس سے، اور جو کچھ نازل ہو آسمان سے، اور جو کچھ چڑھے اس میں۔ اور وہ تم لوگوں کے ساتھ ہے جہاں رہو۔ اور اللہ جو کچھ تم کرو نگراں ہے O

۵. اسی کی شاہی ہے آسمانوں اور زمین کی، اور اللہ ہی کی طرف لوٹائے جائیں گے سارے کام O

۶. سمو دیتا ہے رات کو دن میں، اور سمو دیتا ہے دن کو رات میں، اور وہ جاننے والا ہے سینوں کی بات کو O

۷. مان جاؤ اللہ اور اس کے رسول کی، اور خرچ کرو اس مال سے کہ کر دیا تمہیں جس میں جانشین۔ تو جو لوگ ایمان لائے تم میں سے اور خرچ خیرات کیا، انہیں کے لئے بڑا ثواب ہے O

۸.　اور کیا ہے تمہیں کہ نہ مانو اللہ کو؟ حالانکہ رسول بلائیں تمہیں تاکہ مان جاؤ اپنے رب کو۔ اور بیشک وہ بھی لے چکا ہے تمہارے مضبوط عہد کو اگر ایمان والے ہو O

۹.　وہی ہے جو اتارتا ہے اپنے بندہ پر روشن آیتیں، تاکہ نکال دے تمہیں اندھیریوں سے اجالے کی طرف۔ اور بیشک اللہ تم پر یقیناً مہربان رحم والا ہے O

۱۰.　اور کیا ہے تمہیں کہ نہ خرچ کرو اللہ کی راہ میں؟ اور اللہ ہی کی ہے وراثت آسمانوں اور زمین کی۔ نہیں برابر ہے تم میں سے وہ، جس نے خرچ خیرات کیا فتح مکہ سے پہلے اور جہاد کیا۔ وہ لوگ بڑے ہیں درجہ میں، ان لوگوں سے جنھوں نے خرچ خیرات کیا بعد میں اور جہاد کیا۔ اور ہر ایک سے وعدہ فرمایا اللہ نے اچھے گھر کا۔ اور اللہ ہر چیز سے جو کرتے ہو باخبر ہے O

۱۱.	کون ہے جو دے اللہ کو قرض حسنہ، کہ دونا فرما دے اس کے لئے اس کو، اور اسی کے لئے باعزت ثواب ہے O

۱۲.	جس دن تم دیکھو گے ایمان والے مردوں اور عورتوں کو، کہ دوڑ رہا ہے ان کا نور ان کے سامنے، اور داہنے، خوشخبری ہو تمہیں آج کے دن، وہ باغ ہیں بہتی ہیں جن کے نیچے نہریں، ہمیشہ رہنے والے اس میں یہی بڑی کامیابی ہے O

۱۳.	جس دن کہیں گے منافق مرد اور عورتیں، انہیں جو ایمان لا چکے تھے کہ ''ہم پر بھی نگاہ کر لو، کہ ہم بھی لے لیں تمہاری روشنی سے کچھ''۔ جواب دیا گیا کہ ''واپس جاؤ اپنے پیچھے، تو وہاں تلاش کرو روشنی کو۔'' پھر کھڑی کر دی گئی فریقین کے درمیان ایک دیوار۔ جس کا ایک دروازہ ہے کہ اس کے اندر رحمت ہے، اور اس کے باہر کی سمت عذاب ہے O

۱۴. وہ پکاریں گے انہیں کہ "کیا ہم نے نہ تھے تمہارے ساتھ، "انہوں نے جواب دیا کہ "تھے کیوں نہیں، لیکن تم نے خود فتنہ میں ڈال دیا اپنے ہی کو، اور تاک میں لگے رہتے تھے، اور شک کیا کرتے تھے، اور دھوکہ دیا تھا تم کو تمہاری جھوٹی امیدوں نے، یہاں تک کہ آ پہنچا اللہ کا حکم، اور فریب دے رکھا تھا تمہیں اللہ کے ساتھ اس بڑے دغا باز شیطان نے O

۱۵. اب آج کے دن نہ لیا جائے گا تم سے کوئی مال معاوضہ، اور نہ ان سے جو کھلے کافر تھے۔ "تمہارا ٹھکانہ آگ ہے۔ وہ آگ ہی تمہاری ساتھی ہے اور کیا برا پھرنے کا ٹھکانہ ہے O

۱۶. کیا وہ وقت نہیں آیا ان کے لئے جو ایمان لا چکے کہ جھک جائیں ان کے دل اللہ کی یاد کے لئے، اور جو کچھ نازل ہوا حق کے لئے، اور نہ ہوں ان کی طرح کہ جو دئیے گئے کتاب پہلے، تو دراز ہوئی

ان پر مدت، تو سخت ہو گئے ان کے دل۔ اور ان کے بہتیرے نافرمان ہیں O

۱۷۔ جان رکھو کہ بلا شبہ اللہ، زندہ فرماتا ہے زمین کو اس کے مرنے کے بعد۔ بیشک بیان فرما دیا ہم نے تمہارے لئے نشانیوں کو کہ عقل سے کام لو O

۱۸۔ بیشک صدقہ دینے والے مرد اور عورتیں، اور جنہوں نے قرض دیا اللہ کو قرض حسنہ، دونا کیا جائے گا ان کے لئے، اور انہیں کے لئے باعزت ثواب ہے O

۱۹۔ اور جو مان گئے اللہ اور اس کے رسولوں کو، وہی ہیں صدیق، اور شہید اپنے رب کے نزدیک۔ انہیں کے لئے ان کا ثواب ہے، اور ان کا نور ہے۔ اور جنہوں نے انکار کر دیا اور جھٹلایا ہماری آیتوں کو، وہ جہنم والے ہیں O

۲۰.	جان رکھو! کہ دنیاوی زندگی بس کھیل کود ہے، اور سنگار ہے، اور باہم اترانا ہے، اور بڑھنے کی ہوس ہے مال و اولاد میں۔ جیسے ابر کی مثال، کہ اچھا لگا کاشتکاروں کو اس کا اگنا، پھر سوکھ جاتی ہے، تو دیکھو گے اسے زرد۔ پھر ہو جاتی ہے روندی چور چور۔ اور آخرت میں سخت عذاب ہے۔ اور اللہ کی طرف سے مغفرت ہے اور رضا مندی ہے۔ اور نہیں ہے دنیاوی زندگی مگر دھوکے کی پونجی O

۲۱.	بڑھ چلو اپنے رب کی مغفرت اور جنت کی طرف، جس کی چوڑائی ہے جیسے آسمان و زمین کی چوڑائی۔ مہیا کی گئی ہے ان کے لئے جو مان چکے اللہ اور اس کے رسولوں کو۔ یہ اللہ کا فضل ہے، دے اسے جسے چاہے۔ اور اللہ بڑے فضل والا ہے O

۲۲.	نہی پہنچتی کوئی مصیبت زمین میں، اور نہ خود تم لوگوں میں، مگر یہ کہ وہ ایک نوشتہ میں ہے، قبل اس کے کہ ہم پیدا کریں اسے، بیشک یہ اللہ کو آسمان O

۲۳.　تاکہ غمگین نہ ہو اس پر جو جاتا رہا تم سے، اور نہ مچلو اس پر جو
دے دیا تم کو۔ اور اللہ نہیں پسند فرماتا کسی اترے بڑھانکنے والوں کو O

۲۴.　جو خود کنجوسی کریں، اور مشورہ دیں لوگوں کو کنجوسی کا۔ اور جو
روگردانی کرے، تو بلاشبہ اللہ ہی بے نیاز حمد والا ہے O

۲۵.　بیشک بھیجا ہم نے اپنے رسولوں کو روشن دلیلوں کے ساتھ،
اور اتارا ان کے ساتھ کتاب اور انصاف کا ترازو، تاکہ قائم ہو جائیں
لوگ انصاف پر۔ اور اتارا ہم نے لوہا، جس میں سخت حرج بھی ہے اور
فائدے بھی ہیں لوگوں کو، اور تاکہ علم کرا دے اللہ کہ کون مدد کرتا ہے
اس کے لئے اس کے رسولوں کی بے دیکھے۔ بیشک اللہ قوت والا
زبردست ہے O

۲۶.　اور بیشک بھیجا ہم نے نوح و ابراہیم کو، اور کر دیا ہم نے ان
دونوں کی نسل میں نبوت اور کتاب کو، تو ان کے کچھ راہ پائے ہوئے
ہیں، اور بہتیرے ان کے نافرمان ہیں O

۲۷.　　پھر پیچھے لگا دیا ہم نے انہیں کی راہوں پر اپنے اور رسولوں، اور ان کے پیچھے بھیجا عیسیٰ ابن مریم کو، اور دی انہیں انجیل... اور کر دیا ہم نے ان کے دلوں میں جنھوں نے تابعداری کی ان کی، مہربانی اور رحمت۔ اور راہب بننا، یہ انہوں نے خود بدعت نکالی تھی، ہم نے نہیں لکھا تھا ان پر، مگر اللہ کی خوشنودی چاہنے کی نیت سے۔ پھر نہیں نباہ سکے اسے جو نباہ کا حق ہے۔ تو دیا ہم نے انہیں جو مان چکے تھے ان میں سے، ان کا ثواب۔ اور بہتیرے ان کے نافرمان تھے O

۲۸.　　اے ایمان والو! ڈرو اللہ اور مان ہی جاؤ اس کے رسول کو، دے گا تمہیں دو حصے اپنی رحمت سے، اور کر دے گا تمہارے لئے ایک نور، چلو گے جس میں، اور بخش دے گا تمہیں اور اللہ غفور و رحیم ہے O

۲۹. تاکہ نہ رہ جائیں اہل کتاب بیخبر اس سے، کہ وہ نہیں قدرت رکھتے کچھ بھی اللہ کے فضل پر، اور بیشک فضل اللہ کے ہاتھ میں ہے، دے اسے جسے چاہے۔ اور اللہ بڑے فضل والا ہے O

۵۸۔ سورۃ المجادلۃ

نام سے اللہ کے بڑا مہربان بخشنے والا O

۱. بیشک سن لی اللہ نے بات اس کی جو بحث کرتی ہے تم سے اپنے شوہر کے بارے میں اور فریاد کرتی ہے اللہ سے، اور اللہ سن رہا ہے تم دونوں کی بات چیت، بیشک اللہ سننے والا دیکھنے والا ہے۔ O

۲. جو لوگ اپنی زوجہ کو ماں کی جگہ بنائیں تم میں سے، تو وہ ان کی ماں نہیں ہیں، ان کی مائیں وہی ہیں جنھوں نے جنا ہے انہیں۔ اور

بیشک یہ لوگ یقیناً کہتے ہیں ناگوار بار اور جھوٹ، اور بیشک اللہ یقیناً معافی دینے والا مغفرت فرمانے والا ہے۔ O

۳. اور جو بیوی کو ماں کی جگہ بنائیں اپنی عورتوں میں، پھر لوٹیں اسی طرف جس کے لیے ایسی بولی بول چکے تو ان پر ایک غلام کو آزاد کرنا ہے قبل اس کے کہ ایک دوسرے کو ہاتھ لگائیں۔ یہ ہے جس کی نصیحت کی جاتی ہے تمہیں، اور اللہ جو کچھ کرو خبر دار ہے۔ O

۴. تو جس نے نہ پایا تو روزے ہیں دو مہینے کے لگاتار قبل اس کے کہ باہم ہاتھ لگائیں، تو جسے اس کی بھی سکت نہیں تو پورا کھانا کھلانا ہے ساٹھ مسکینوں کو، یہ اس لیے کہ مانتے رہو اللہ اور اس کے رسول کو، اور یہ اللہ کی حد بندیاں ہیں اور منکروں کے لیے دکھ والا عذاب۔ O

۵. بیشک جو مخالفت کریں اللہ اور اس کے رسول کی، ذلت دیے گئے جس طرح ذلت دیے گئے وہ جو ان سے پہلے تھے، اور

بیشک اتارا ہم نے روشن آیتوں کو، اور منکروں کے لیے ذلت دینے والا عذاب ہے۔ O

٦۔   جس دن کہ اٹھائے گا ان سب کو اللہ پھر بتا دے گا انہیں جو کرتوت کیے، شمار کر لیا ہے اسے اللہ نے، اور وہ لوگ بھول چکے اسے، اور اللہ ہر ایک کا نگراں ہے۔ O

٧۔   کیا نہیں دیکھا تونے؟ کہ اللہ جان رہا ہے جو کچھ آسمانوں اور جو کچھ زمین میں ہے، نہیں ہوتی تین شخصوں کی کوئی سرگوشی مگر وہ ان کا چوتھا ہے اور نہ پانچ شخصوں کی مگر وہ ان کا چھٹا ہے اور نہ اس سے کم کی اور نہ زیادہ کی، مگر وہ ان کے ساتھ ہے جہاں بھی ہوں، پھر بتا دے گا انہیں جو کرتوت کیے انہوں نے قیامت کے دن، بیشک اللہ ہر ایک کا جاننے والا ہے۔ O

٨۔   کیا نہیں دیکھا تم نے انہیں جو روکے گئے سرگوشی سے، پھر وہی کرتے ہیں جس سے روکے گئے، اور سرگوشیاں کرتے ہیں گناہ

اور قانون شکنی اور رسول کی گنہگاری کی۔ اور جب آئے تمہارے پاس تو سلام کیا ایسے لفظوں میں کہ سلام قرار نہیں دیا تمہارا جس کو اللہ نے۔ اور کہتے ہیں اپنے اپنے جی میں کہ کیوں نہیں عذاب دیتا ہمیں اللہ بسبب اس بولی کہ جو ہم بولتے ہیں۔ کافی ہے انہیں جہنم، جائیں گے اس میں تو کیا برا پھرنے کا ٹھکانہ ہے۔ O

۹. اے ایمان والو جب تم نے سرگوشی کرنی چاہی تو مت سرگوشی کرو گناہ اور قانون شکنی اور رسول کی گنہگاری کی اور سرگوشی کرو نیکی اور خوف خدا کی اور ڈرتے رہو اللہ کو جس کی طرف حشر کیے جاؤ گے۔ O

۱۰. بری سرگوشی تو شیطان کی طرف سے ہے تاکہ رنج دے انہیں جو ایمان لائے، حالانکہ نہیں ہے بگاڑ سکنے والا ان کا کچھ، بغیر اللہ کے حکم کے، اور اللہ ہی پر بھروسہ رکھے رہیں ایمان والے۔ O

۱۱.   اے ایمان والو! جہاں کہا گیا تمہیں کہ جگہ دو مجسلوں میں تو جگہ دے دیا کرو، تمہیں اللہ جگہ دے گا، اور جہاں کہا گیا کہ اٹھ پڑو، تو اٹھ پڑا کرو، بلند فرما دے گا اللہ انہیں جو ایمان لائے تم میں سے، اور جو دیے گئے علم درجوں، اور اللہ جو کچھ کرو باخبر ہے۔ O

۱۲.   اے ایمان والو! جب تم پوشیدہ بات کرنی چاہو رسول سے تو پہلے دے لو اپنی سرگوشی سے آگے کچھ صدقہ، یہ بہتر ہے تمہارے لیے اور نہایت پاکیزہ، پھر اگر نہ پایا تم نے تو بلاشبہ اللہ غفور رحیم ہے۔ O

۱۳.   کیا ڈر گئے تم اس سے کہ پہلے دے دو، اپنی پوشیدہ بات کہنے کے آگے کچھ صدقے؟ تو جب تم یہ نہ کر سکے، اور معافی دے دی اللہ نے بھی تمہیں، تو پابندی کرتے رہو نماز کی، اور دیتے رہو زکوٰۃ کو اور کہا مانتے رہو اللہ اور اس کے رسول کا، اور اللہ باخبر ہے جو عمل کرتے رہو۔ O

۱۴۔   کیا نہیں دیکھا تم نے انہیں جنہوں نے دوستی کی ایسی قوم کی جن پر غضب فرمایا اللہ نے، نہ وہ تم میں سے ہیں اور نہ ان میں سے، اور وہ قسم کھایا کرتے ہیں جھوٹ، حالانکہ وہ جان رہے ہیں۔ O

۱۵۔   تیار کر چکا ہے اللہ ان کے لیے سخت عذاب، بیشک انہوں نے برا کیا جو کرتوت کرتے ہیں۔ O

۱۶۔   بنا لیا انہوں نے اپنی قسموں کو ڈھال تو روکتے رہے اللہ کی راہ سے، تو انہیں کے لیے ہے ذلت والا عذاب۔ O

۱۷۔   نہ کام دیں گے انہیں ان کے مال، اور نہ اولاد، اللہ کے حضور کچھ، وہ جہنم والے ہیں، وہ اس میں ہمیشہ رہنے والے ہیں۔ O

۱۸۔   جس دن کہ اٹھائے گا ان سب کو اللہ تو قسم کھائیں گے اس کے یہاں بھی جس طرح قسم کھاتے ہیں تمہارے پاس، اور خیال کرتے ہیں کہ وہ کچھ فائدہ پر ہیں۔ یاد رکھو کہ بلاشبہ وہی جھوٹے ہیں۔ O

۱۹.	چڑھ پڑا ان پر شیطان، تو بھلا دیا انہیں اللہ کی یاد کو، وہ ہیں شیطان کا گروہ، یادرکھو کہ شیطان کا گروہ وہی خسارہ والے ہیں۔ O

۲۰.	بیشک جو مخالفت کریں اللہ اور اس کے رسول کی، وہ بڑے ذلیلوں میں ہیں۔ O

۲۱.	لکھ چکا ہے اللہ کہ ضرور غالب رہوں گا میں اور میرے رسول، بیشک اللہ قوت والا زبردست ہے۔ O

۲۲.	تم نہ پاؤ گے ان لوگوں جو مان جائیں اللہ اور پچھلے دن کو، کہ دوستی کریں ان کی جنہوں نے مخالفت کی اللہ اور اس کے رسول کی، گو وہ ہوں ان کے باپ دادے، یا بیٹے، یا بھائی، یا کنبہ والے، وہ ہیں کہ نقش کردیا اللہ نے ان کے دلوں میں ایمان کو، اور تائید فرمائی ان کی روح سے اپنی طرف سے، اور داخل فرمائے گا انہیں باغوں میں، بہتی ہیں جن کے نیچے نہریں، ہمیشہ رہنے والے اس میں، اللہ ان سے

راضی وہ اللہ سے خوش، وہ ہیں اللہ کی جماعت۔ یاد رکھو کہ اللہ کی جماعت کامیاب ہے۔ O

۵۹۔ سورۃ الحشر

نام سے اللہ کے بڑا مہربان بخشنے والا

۱. پاکی بولی اللہ کی سب نے، جو کچھ آسمانوں اور جو کچھ زمین میں
ہے، اور وہی زبردست حکمت والا ہے۔ O
۲. وہی ہے جس نے نکال بھگایا اہل کتاب کافروں کو ان کے
گھروں سے پہلی ہانک کو، تم لوگوں کو خیال نہ تھا کہ وہ نکل جائیں گے
اور وہ خیال کر رہے تھے کہ ان کی حفاظت کو ان کے قلعے ہیں اللہ کے
عذاب سے، تو آیا ان کے پاس حکم الٰہی جہاں سے انہیں وہم بھی نہ

تھا۔ اور ڈال دیا ان کے دلوں میں دبدبہ، کہ کھودنے لگے اپنے گھروں کو اپنے ہاتھوں سے اور مسلمانوں کے ہاتھوں سے، تو عبرت لو اے آنکھ والو۔ O

۳.	اور اگر نہ لکھ چکا ہوتا اللہ ان پر جلا وطن ہو جانے کو تو ضرور عذاب دیتا انہیں دنیا میں اور ان کے لیے آخرت میں آگ کا عذاب ہے۔ O

۴.	یہ اس لیے کہ پھٹے پھٹے رہے اللہ اور اس کے رسول سے،۔ اور جو پھٹا پھٹا رہے اللہ سے تو بلا شبہ اللہ سخت عذاب والا ہے۔ O

۵.	جو کچھ کاٹ ڈالا تم نے کوئی درخت یا چھوڑ دیا اسے کھڑا اپنی جڑوں پر تو اللہ کے حکم سے ہوا اور تاکہ رسوا کر دے نافرمانوں کو۔ O

۶.	اور جو کچھ مال غنیمت دلایا اللہ نے اپنے رسول کو ان لوگوں سے تو نہ دوڑایا تھا تم لوگوں نے اس پر گھوڑے اور نہ اونٹ، لیکن

اللہ مسلط فرما دے اپنے رسولوں کو جس پر چاہے، اور اللہ ہر چاہے پر قدرت والا ہے۔ O

۷۔   جو کچھ مال غنیمت دلایا اللہ نے اپنے رسولوں کو دوسری آبادی والوں سے، تو وہ اللہ کے لیے اور رسول کے لیے ہے، اور ان کے قرابت مندوں کے لیے اور یتیموں کے لیے اور مسکینوں کے لیے اور مسافر کے لیے، تاکہ نہ رہ جائے وہ ہاتھوں ہاتھ تمہارے دولت مندوں ہی کے درمیان۔ اور جو کچھ دے دیا تم کو رسول نے تو لے لو اسے، اور جس سے روک دیا تمہیں تو رک جاؤ اور ڈرتے رہو اللہ کو، بیشک اللہ سخت عذاب فرمانے والا ہے۔ O

۸۔   ان فقیر ہجرت کرنے والوں کے لیے جو بے دخل کیے گئے اپنے گھروں اور مالوں سے چاہتے رہتے ہیں اللہ کے فضل کو اور خوشنودی کو اور مدد میں رہتے ہیں اللہ اور رسول کی وہی سچے لوگ ہیں۔ O

۹.　اور جنہوں نے اپنا ٹھکانہ رکھا اس دار الاسلام اور ایمان میں ان سے پہلے دوست رکھتے ہیں اسے جس نے ہجرت کی ان کی طرف، اور نہیں پاتے اپنے سینوں میں کوئی حاجت اس کی جو مہاجرین دیے گئے اور ترجیح دیتے ہیں انہیں اپنے اوپر گو ہو انہیں سخت حاجت۔ اور جو بچالیا جائے اپنے نفس کی لالچ سے تو وہی کامیاب ہیں۔ O

۱۰.　اور جو آئے ان کے بعد دعا کرتے ہیں کہ پروردگار بخش دے ہمیں اور ہمارے بھائیوں کو جو پہلے لائے ہم سے ایمان اور نہ رکھ ہمارے دلوں میں کچھ بھی کینہ ان کے لیے جو ایمان لاچکے، پروردگار بلاشبہ تو مہربان رحم والا ہے۔ O

۱۱.　کیا تم نے نہیں دیکھا منافقوں کو کہ کہتے ہیں اپنے بھائی اہل کتاب کافروں کو اگر تم نکالے گئے تو ہم بھی نکل جائیں گے ضرور تمہارے ساتھ، اور نہ کہا مانیں گے تمہارے بارے میں کسی کا بھی اور

اگر تم سے لڑائی کی گئی تو ہم ضرور مدد کریں گے تمہاری اور اللہ گواہ ہے کہ بلاشبہ وہ یقیناً جھوٹے ہیں۔ O

۱۲۔   یقیناً اگر وہ نکالے گئے تو یہ نہ نکلیں گے ان کے ساتھ، اور یقیناً اگر ان سے لڑائی کی گئی تو نہ مدد دیں گے انہیں، اور اگر مدد بھی کی ان کی تو ضرور بھاگیں گے پیٹھ دکھا کر، پھر نہ مدد کیے جائیں گے۔ O

۱۳۔   بیشک تم زیادہ خوفناک ہو ان کے سینوں میں اللہ سے، یہ اس لیے کہ وہ لوگ کچھ سمجھ ہی نہیں رکھتے۔ O

۱۴۔   نہ جنگ کر سکیں گے تم سے سب مل کر بھی، مگر قلعہ بند آبادیوں میں یا شہر پناہ کے پیچھے سے۔ ان کی جنگ آپس ہی میں سخت ہے، تم خیال کرو گے انہیں ایک جتھا اور ان کے دل جدا جدا ہیں۔ یہ اس لیے کہ وہ لوگ عقل ہی نہیں رکھتے۔ O

۱۵.   جیسے ان کی مثال جو ان سے پہلے قریب زمانہ میں انہوں نے چکھا اپنے کرتوت کا وبال، اور انہیں کے لیے دکھ والا عذاب ہے۔ O

۱۶.   جیسے شیطان کی مثال جب کہ بولا انسان کو کہ کفر کر، پھر جب کفر کر لیا تو بولا کہ میں الگ ہوں تم سے، بیشک میں ڈر رہا ہوں اللہ رب العالمین کو۔ O

۱۷.   تو ہوا انجام ان دونوں کا کہ دونوں آگ میں ہیں، ہمیشہ رہنے والے اس میں، اور یہ سزا ہے اندھیر والوں کی۔ O

۱۸.   اے ایمان والو! ڈرتے رہو اللہ کو اور دیکھا کرے ہر ایک کہ کیا آگے بھیجا کل کے لیے، اور ڈرا کرو اللہ کو بیشک اللہ باخبر ہے جو عمل کرتے ہو۔ O

۱۹.   اور مت ہو جاؤ ان کی طرح جو بھول گئے اللہ کو، تو ان کی بھول میں ڈال دیا اللہ نے خود انہیں کو، وہی ہیں نافرمان۔ O

۲۰۔ نہیں برابر ہیں جہنم والے اور جنت والے کہ جنت والے ہی با مراد ہیں۔ O

۲۱۔ اگر اتارتے ہم اس قرآن کو کسی پہاڑ پر، یقیناً دیکھتے تم کہ جھکا ہوا ریزہ ریزہ اللہ کے خوف سے، اور یہ مثالیں بتاتے ہیں ہم لوگوں کے لیے کہ وہ سوچیں۔ O

۲۲۔ وہی اللہ ہے جس کے سوا کوئی معبود نہیں، جاننے والا غیب و شہادت کا، وہی مہربان بخشنے والا ہے۔ O

۲۳۔ وہی اللہ ہے جس کے سوا کوئی پوجنے کے قابل نہیں، بادشاہ نہایت پاک، سلامتی والا، امان والا، نگہبان، عزت والا، زبردست تکبر والا، پاکی ہے اللہ کی اس سے جو شریک بناتے ہیں۔ O

۲۴۔ وہی اللہ ہے بنانے والا، پیدا کرنے والا، صورت دینے والا، اسی کے سب اچھے نام ہیں، پاکی بولتے ہیں اس کی آسمانوں اور زمین والے، اور وہی عزت والا حکمت والا ہے۔ O

۶۰۔ سورۃ الممتحنۃ

نام سے اللہ کے بڑا مہربان بخشنے والا O

ا.   اے ایمان والو! نہ بناؤ میرے دشمن اور اپنے دشمن کو اپنا دوست کہ پیغام رسانی کرو ان کی طرف دوستی سے، حالانکہ وہ انکار کر چکے جو آیا ہے تمہارے پاس حق، گھر سے الگ کرتے ہیں رسول کو اور تم لوگوں کو، کہ تم مان چکے ہو اللہ اپنے رب کو، اگر تم نکلے تھے جہاد کے لیے میری راہ میں اور میری خوشنودیوں کو چاہنے کے لیے، تو خفیہ پیغام رسانی بھی کرتے ہو ان کی طرف دوستی کی، حالانکہ میں خوب

جانتا ہوں جو تم نے چھپایا اور جو علانیہ کیا، اور جو کرے یہ تم میں سے،
تو بیشک وہ بہک گیا سیدھے راستہ سے۔ O

۲. اگر وہ پا جائیں تمہیں تو ہوں گے تمہارے دشمن اور دراز کریں گے تمہاری طرف اپنے ہاتھوں اور اپنی زبانوں کو برائی کے ساتھ انہوں نے یہی چاہا کہ کاش تم کافر ہو جاؤ۔ O

۳. نہ کام آئیں گے تمہارے، تمہارے رشتے اور نہ تمہاری اولاد، قیامت کے دن، وہ جدا جدا کر دے گا تم سب کو اور اللہ جو کچھ کرو دیکھنے والا ہے۔ O

۴. بیشک تھا تمہارے لیے اچھا نمونہ ابراہیم میں اور جو ان کے ساتھ تھے۔ جبکہ بولے وہ سب اپنی قوم کو کہ بلاشبہ ہم الگ ہیں تم سے اور ان سے جنہیں پوجتے ہو اللہ کے خلاف۔ ہم لوگوں نے انکار کر دیا تم سب سے اور ظاہر ہو چکی ہمارے تمہارے درمیان دشمنی اور عداوت ہمیشہ کو، یہاں تک کہ تم لوگ مان جاؤ ایک اللہ کو، مگر ابراہیم

کی ایک بات اپنے بابا سے کہ میں استغفار کروں گا تمہارے لیے اور میں نہیں اختیار رکھتا تجھ کافر کے لیے اللہ کے حضور کچھ بھی۔ پروردگار تجھی پر ہم نے بھروسہ رکھا، اور تیری ہی طرف ہم رجوع ہوئے، اور تیری طرف پھرنا ہے۔ O

۵. پروردگار! نہ رکھ ہمیں آزمائش میں ان کے جنھوں نے کفر کیا اور بخش دے ہم سب کو، پروردگار! بیشک توہی زبردست حکمت والا ہے۔ O

۶. بیشک تھا تم لوگوں کے لیے ان میں اچھا نمونہ اس کے لیے جو امید رکھتا ہو اللہ اور پچھلے دن کی، اور جو بے رخی کرے تو بلا شبہ اللہ ہی بے نیاز حمد والا ہے۔ O

۷. قریب ہے کہ اللہ کر دے تمہارے درمیان اور ان کے درمیان کہ دشمنی کا برتاؤ کرنے لگے، ان سے دوستی، اور اللہ قدرت والا ہے، اور اللہ غفور رحیم ہے۔ O

۸۔   نہیں روکتا تمہیں اللہ ان لوگوں سے جنہوں نے جنگ نہیں کی تم سے دین میں اور نہ نکالا تمہیں تمہارے گھروں سے کہ حسن سلوک رکھو ان سے اور انصاف برتو ان سے، بیشک اللہ پسند فرماتا ہے انصاف والوں کو۔ O

۹۔   اللہ تمہیں منع کرتا ہے بس انہیں لوگوں سے، جنہوں نے جنگ کی تم سے دین میں اور نکالا تم لوگوں کو تمہارے گھروں سے اور مدد کی تمہارے نکالنے پر، یہ کہ دوستی کرو ان سے جو دوستی کرے ان کی تو ظالم وہی ہیں۔ O

۱۰۔   اے ایمان والو! جہاں آ گئیں تمہارے پاس مسلمان عورتیں ہجرت کی نیت سے تو تحقیقات کر لو ان کی، اللہ خوب جانتا ہے ان کے ایمان کو، تو اگر معلوم کر لیا تم نے انہیں کہ ایمان والی ہیں تو واپس نہ کرو انہیں کفار کی طرف، نہ وہ مسلمان عورتیں حلال ہیں ان کافروں کے لیے اور نہ وہ کافر حلال ہیں ان مسلمان عورتوں کے

لیے، اور دے ڈالو جو مہر خرچ کیا ہے ان کافروں نے اور کوئی الزام نہیں تم پر کہ نکاح کر لو ان کے ساتھ، جبکہ دے چکے انہیں ان کا مہر، اور روک تھام نہ کرو کافر عورتوں کے نکاح کی، اور مانگ لو جو تم نے خرچ کیا اور وہ مانگ لیں جو انہوں نے خرچ کیا۔ یہ ہے اللہ کا حکم، وہ فیصلہ دیتا ہے تمہارے درمیان، اور اللہ علم والا حکمت والا ہے۔ O

۱۱. اور اگر نکل جائیں تمہارے ہاتھوں سے چند عورتیں کافروں کی طرف تو تم نے سزا دی ان کافروں کو تو دو انہیں جن کی بیبیاں نکل گئیں اتنا ہی جو انہوں نے خرچ کیا تھا۔ اور ڈرتے رہو اللہ کو جس کے تم لوگ ماننے والے ہو۔ O

۱۲. اے آنحضرت! جہاں آئیں تمہارے پاس ایمان والی عورتیں کہ بیعت کریں تمہاری اس پر کہ شریک نہ بنائیں گی اللہ کا کسی کو، اور نہ چوری کریں گی، اور نہ بدکاری کریں گی، اور نہ مار ڈالیں گی اپنی اولاد کو، اور نہ بنائیں گی وہ بہتان کہ گڑھ لیں جسے اپنے ہاتھوں اور

پاؤں کے درمیان، اور نہ بے حکمی کریں گی کسی حکم میں تو بیعت لے لو ان کی، اور مغفرت مانگو ان کی اللہ سے، بیشک اللہ غفور رحیم ہے۔ O

۱۳. اے ایمان والو! نہ دوستی کرو اس قوم کی جن پر غضب فرمایا اللہ نے، بیشک وہ لوگ نا امید ہو گئے آخرت سے، جس طرح کافر نا امید ہو چکے قبر والوں سے۔ O

٦١۔ سورۃ الصف

نام سے اللہ کے بڑا مہربان بخشنے والاO

١.   پاکی بولی اللہ کی سب نے جو کچھ آسمانوں اور جو کچھ زمین میں
ہے، اور وہی زبردست حکمت والا ہے۔ O

٢.   اے ایمان والو! کیوں کہتے ہو وہ، جو خود نہیں کرتے۔ O

٣.   نہایت ناگوار ہے اللہ کے نزدیک کہ کہو وہ جسے خود نہ
کرو۔ O

۴. بیشک اللہ پسند فرماتا ہے انہیں جو جہاد کریں اس کی راہ میں صف باندھ کر گویا کہ وہ دیوار ہیں سیسہ پلائی ہوئی۔ O

۵. اور جبکہ کہا موسیٰ نے اپنی قوم کو کہ اے میری قوم! کیوں ستاتے ہو مجھے، حالانکہ یقیناً تم جانتے ہو کہ میں اللہ کا رسول ہوں تمہاری طرف، پھر بھی جب ٹیڑھے رہ گئے تو ٹیڑھا ہی رکھا اللہ نے ان کے دلوں کو، اور اللہ راہ نہیں دیتا نافرمان لوگوں کو۔ O

۶. اور جبکہ کہا عیسیٰ ابن مریم نے کہا اے بنی اسرائیل! بیشک میں اللہ کا رسول ہوں تمہاری طرف تصدیق کرنے والا اپنے سے پہلے کی توریت کا، اور خوشخبری دینے والا اس عظیم رسول کا جو آئیں گے میرے بعد ان کا نام ہے احمد۔ پھر جب آ گئے وہ بھی ان کے پاس روشن دلیلوں کے ساتھ تو سب بول پڑے کہ یہ کھلا جادو ہے۔ O

۷۔   اور اس سے زیادہ ظالم کون ہے؟ جس نے باندھا اللہ پر جھوٹ، اور وہ بلایا جا رہا ہے اسلام کی طرف، اور اللہ نہیں راہ دیتا اندھیر والی قوم کو۔ O

۸۔   چاہتے ہیں کہ بجھا دیں اللہ کے نور کو اپنے مونہوں سے، اور اللہ پورا فرمانے والا ہے اپنے نور کا، گو برا مانیں کافر لوگ۔ O

۹۔   وہی ہے جس نے بھیجا اپنے رسول کو ہدایت اور دستور حق کے ساتھ، تاکہ غالب کر دے اسے سب دینوں پر گو برا مانیں مشرک لوگ۔ O

۱۰۔   اے ایمان والو! کیا با خبر کر دوں تمہیں اس تجارت پر جو بچا لے تمہیں دکھ والے عذاب سے۔ O

۱۱. ماننتے رہو اللہ کو اور اس کے رسول کو، اور جہاد کیا کرو اللہ کی راہ میں اپنے مالوں اور جانوں سے، یہ بہتر ہے تمہارے لیے اگر جانو مانو۔ O

۱۲. بخش دے گا تمہارے گناہوں کو اور داخل فرمائے گا تمہیں باغوں میں، بہتی ہیں جن کے نیچے نہریں، اور پاکیزہ گھروں میں بسے رہنے کے باغوں میں، یہی بڑی کامیابی ہے۔ O

۱۳. اور دوسری وہ نعمت، جس کی دلی خواہش رکھتے ہو، اللہ کی مدد اور جلد ہی فتح یابی، اور بشارت دے دو مسلمانوں کو۔ O

۱۴. اے ایمان والو! ہو جاؤ دین الٰہی کے مددگار، جیسا کہ کہا تھا عیسیٰ بن مریم نے اپنے حواریوں کو کہ کون ہے میری مدد پر اللہ کی طرف ہو کر، بولے حواری لوگ کہ ہم دین الٰہی کے مددگار ہیں۔ تو مان گئی ایک جماعت بنی اسرائیل کی، اور انکار کر دیا ایک جمعیت نے، تو

تائید فرمائی ہم نے ان کی جو مان گئے تھے ان کے دشمنوں پر تو وہ ہو گئے غالب۔ O

٦٢۔ سورۃ الجمعۃ

نام سے اللہ کے بڑا مہربان بخشنے والا O

۱۔ پاکی بولتا رہتا ہے اللہ کی جو کچھ آسمانوں اور جو کچھ زمین میں ہے، بادشاہ نہایت پاک زبردست حکمت والا۔ O

۲۔ وہی ہے جس نے بھیجا ان پڑھوں میں رسول انہیں سے، جو تلاوت کریں ان پر اس کی آیتوں کی اور پاک کر دیں انہیں اور سکھا دیں انہیں کتاب و حکمت، اور بلا شبہ وہ لوگ تھے ان سے پہلے کھلی گمراہی میں۔ O

۳. اور دوسروں کو بھی ان میں سے جو ابھی نہیں ملے ان کے ساتھ، اور وہی زبردست حکمت والا ہے۔ O

۴. یہ اللہ کا فضل ہے دے اسے جسے چاہے، اور اللہ بڑا فضل والا ہے۔ O

۵. مثال ان کی جو گراں بار کیے گئے توریت کے، پھر نہ برداشت کر سکے اس کی، جیسے گدھے کی مثال جو لادے کتابوں کو، کتنی بری مثال ہے ان لوگوں کی جنھوں نے جھٹلایا اللہ کی آیتوں کو، اور اللہ نہیں راہ دیتا اندھیر والوں کو۔ O

۶. کہہ دو کہ اے یہودیو! اگر ڈینگ لی ہے تم نے کہ تم دوست ہو اللہ کے اور لوگوں کو چھوڑ کر، تو آرزو کرو موت کی اگر سچے ہو۔ O

۷. اور نہ آرزو کریں گے موت کی کبھی بوجہ اس کے جو پہلے بھیج چکے ان کے ہاتھ، اور اللہ اندھیر والوں کا جاننے والا ہے۔ O

۸.	کہہ دو کہ بلاشبہ موت جس سے بھاگتے ہو تم، تو ضرور وہ ملنے والی ہے تمہیں، پھر لوٹائے جاؤ گے عالم الغیب والشہادۃ کی طرف تو وہ بتا دے گا تمہیں جو کچھ کرتے رہے۔ O

۹.	اے ایمان والو! جہاں اذان دی گئی نماز کی جمعہ کے دن تو چل پڑو اللہ کے ذکر کی طرف اور چھوڑ دو خرید و فروخت، یہ بہتر ہے تمہارے لیے اگر جانو مانو۔ O

۱۰.	پھر جب پوری ہو گئی نماز تو پھیل جاؤ سرزمین میں اور تلاش کرو اللہ کے فضل کو، اور یاد کرو اللہ کو کہ کامیاب ہو جاؤ۔ O

۱۱.	اور جب دیکھ پایا انہوں نے کسی تجارت یا تماشہ کو تو چل دیے ادھر، اور چھوڑ دیا تمہیں خطبہ میں کھڑا، کہہ دو کہ جو اللہ کے پاس ہے بہتر ہے تماشہ اور تجارت سے، اور اللہ سب سے بہتر روزی دینے والا ہے۔ O

۶۳۔ سورۃ المنافقون

نام سے اللہ کے بڑا مہربان بخشنے والا O

۱۔ جب آئے تمہارے پاس منافق لوگ، بولے کہ ہم گواہی دیتے ہیں کہ بیشک تم یقیناً اللہ کے رسول ہو۔ اور اللہ خوب جانتا ہے کہ بلا شبہ تم یقیناً اس کے رسول ہو، اور اللہ گواہی دیتا ہے کہ بلا شبہ منافق لوگ یقیناً جھوٹے ہیں۔ O

۲۔ بنا لیا ہے انہوں نے اپنی قسموں کو ڈھال، تو روکا کیے اللہ کی راہ سے، بلا شبہ وہ کتنا برا ہے جو کچھ کرتے رہے۔ O

۳. یہ اس لیے کہ انہوں نے ایمان کا دعوی کیا پھر کفر بکنے لگے، توچھاپ لگادی گئی ان کے دلوں پر تو وہ سمجھتے ہی نہیں۔ O

۴. اور جب دیکھ پایا تم نے انہیں اچھے لگیں گے ان کے جسم، اور اگر بات چیت کریں تو سننے لگو ان کی گفتگو، گویا وہ لکڑی کے ہیں دیوار سے لگے ہوئے۔ خیال لے جاتے ہیں ہر بلند آواز اپنے ہی اوپر، وہ دشمن ہیں، تو ان سے بچے رہا کرو۔ اللہ انہیں غارت کرے۔ کہاں اوندھائے جاتے ہیں۔ O

۵. اور جب کہا گیا انہیں کہ آجاؤ معافی دلا دیں تمہیں اللہ کے رسول، تو گھما لیا انہوں نے اپنے سروں کو، اور دیکھ پڑے تمہیں کہ باز رہتے ہیں، اور وہ بڑی بول بولنے والے ہیں۔ O

٦. یکساں ہیں ان پر کہ تم نے ان کی معافی چاہی یا نہ چاہی، اللہ ہر گز نہ بخشے گا انہیں۔ بلاشبہ اللہ راہ نہیں دیتا نافرمان لوگوں کو۔ O

۷. وہی ہیں جو بکتے ہیں کہ مت خرچ کیا کرو ان پر جو رسول کے نزدیکی ہیں، یہاں تک کہ وہ خود منتشر ہو جائیں، حالانکہ اللہ ہی کا ہے آسمانوں اور زمین کے خزانے، لیکن منافق لوگ سمجھتے ہی نہیں۔ O

۸. بکتے ہیں کہ یقیناً اگر ہم واپس ہوئے میدان سے مدینہ کی طرف تو ضرور نکال دے گا بڑی عزت والا اس سے نہایت ذلیل کو، اور اللہ ہی کے لیے عزت ہے اور اس کے رسول کے لیے، اور ایمان والوں کے لیے، لیکن منافق لوگ علم ہی نہیں رکھتے۔ O

۹. اے ایمان والو! نہ غافل کر سکے تمہیں تمہارا مال اور نہ تمہاری اولاد، اللہ کے ذکر سے، اور جو کرے ایسا وہی خسارہ والے ہیں۔ O

۱۰. اور خرچ خیرات کرتے رہو اس سے جو روزی دی ہم نے تمہیں، اس سے پہلے کہ آجائے تم میں سے کسی کی موت، تو کہنے لگے

کہ پروردگار! کیوں نہ مہلت دی تو نے مجھے تھوڑی سی کہ میں صدقہ دیتا اور ہو جاتا لیاقت مندوں سے۔ O

11. اور ہرگز نہ مہلت دے گا اللہ کسی جان کو، جب آگیا اس کا وقت مقرر۔ اور اللہ باخبر ہے جو تم کرو۔ O

۶۴ ۔ سورۃ التغابن

نام سے اللہ کے بڑا مہربان بخشنے والا O

۱. پاکی بولتا رہتا ہے اللہ کی جو آسمانوں میں اور جو زمین میں ہے۔ اسی کی شاہی ہے اور اسی کے لیے حمد، اور وہ ہر چاہے پر قدرت والا ہے۔ O

۲. وہی ہے جس نے پیدا فرمایا تمہیں، تو کوئی کافر ہے اور کوئی مومن، اور اللہ جو کچھ کرو اس کا نگراں ہے۔ O

۳.	پیدا فرمایا آسمانوں اور زمین کو حق کے ساتھ، اور صورت دی تمہیں تو خوب دیں صورتیں تمہیں، اور اس کی طرف پھر کر جانا ہے۔ O

۴.	جان رہا ہے جو کچھ آسمانوں اور زمین میں ہے، اور جان رہا ہے جو تم چھپاتے ہو اور جو علانیہ کرتے ہو، اور اللہ جاننے والا ہے سینوں کی بات کو۔ O

۵.	کیا نہیں آئی تمہارے پاس خبر ان کی جنھوں نے کفر کیا تھا پہلے؟ تو چکھا اپنے کام کا وبال، اور ان کے لیے دکھ والا عذاب ہے۔ O

۶.	یہ اس لیے کہ واقعہ یہ ہے کہ لایا کرتے تھے ان کے پاس ان کے رسول روشن دلیلیں، تو یہ بولا کرتے تھے کہ کیا بشر ہماری رہنمائی کریں گے، تو انکار کر دیتے تھے اور پھر جاتے تھے اور بے نیازی برتی اللہ نے، اور اللہ بے نیاز حمد والا ہے۔ O

۷.   گھمنڈ میں رہے کافر کہ ہرگز نہ اٹھائے جائیں گے، کہہ دو کہ کیوں نہیں مجھے اپنے رب کی قسم! یقیناً ضرور اٹھائے جاؤ گے تم، پھر یقیناً بتا دیے جاؤ گے جو کرتوت کر چکے، یہ اللہ پر آسان ہے۔ O

۸.   تو مان جاؤ اللہ اور اس کے رسول کو، اور اس نور کو جو ہم نے اتارا، اور اللہ جو کرو باخبر ہے۔ O

۹.   جس دن کہ اکٹھا کرے گا تمہیں جمع ہونے کے دن، یہ ہے ہار کے ظاہر ہونے کا دن، اور جو مان جائے اللہ کو اور نیک کام کرے اتار دے گا ان سے ان کے گناہ اور داخل فرمائے گا اسے باغوں میں کہ بہتی ہیں جن کے نیچے نہریں، ہمیشہ ہمیشہ رہنے والے اس میں، یہی بڑی کامیابی ہے۔ O

۱۰.   اور جنھوں نے کفر کیا اور جھٹلایا ہماری آیتوں کو وہ جہنم والے ہیں، ہمیشہ رہنے والے اس میں۔ اور کتنی بری پھرنے کی جگہ ہے۔ O

۱۱۔　نہیں پہنچی کوئی مصیبت مگر اللہ کے حکم سے، اور جو مان جائے اللہ کو تو ہدایت دے گا اس کے دل کو، اور اللہ ہر ایک کا جاننے والا ہے۔ O

۱۲۔　اور کہا مانو اللہ کا اور کہا مانو رسول کا، اب اگر تم پھرے تو ہمارے رسولوں پر صرف صاف صاف پہنچا دینا ہے۔ O

۱۳۔　اللہ! نہیں ہے کوئی معبود اس کے سوا، اور اللہ ہی پر تو بھروسہ رکھیں ایمان والے۔ O

۱۴۔　اے ایمان والو! بیشک تمہاری کچھ بیبیاں اور اولاد دشمن ہیں تمہارے، تو ان سے بچتے رہو، اور اگر معافی دو اور درگزر کرو اور بخش دو، تو بلاشبہ اللہ غفور رحیم ہے۔ O

۱۵۔　تمہارے مال اور اولاد، سب فتنہ ہی ہیں۔ اور اللہ اس کے یہاں بڑا ثواب ہے۔ O

۱۶۔	تو ڈرتے رہو اللہ کو جہاں تک ہو سکے، اور حکم سنو، اور کہا مانو، اور خرچ خیرات کرو، اپنے بھلے کو، اور جو محفوظ رکھا جائے اپنی طبیعت کی کنجوسی سے تو وہی لوگ کامیاب ہیں۔ O

۱۷۔	اگر دو اللہ کو قرض حسنہ تو دونا کر دے گا اسے تمہارے لیے اور بخش دے گا تمہیں، اور اللہ قدر دان بردبار ہے۔ O

۱۸۔	جاننے والا غیب و شہادت کا، زبردست حکمت والا۔ O

٦٥۔ سورۃ الطلاق

نام سے اللہ کے بڑا مہربان بخشنے والا O

ا۔ اے آنحضرت جب طلاق کی نوبت آئے تمہیں عورتوں کو، تو مسلمانو! طلاق دو انہیں ان کی عدت کا لحاظ رکھ کر اور شمار رکھو عدت کا، اور ڈرتے رہو اللہ اپنے رب کو، نہ نکال باہر کرو انہیں ان کے گھروں سے اور نہ وہ خود نکلیں مگر یہ کہ کرلائیں کھلی بے شمری اور یہ اللہ کی حد بندیاں ہیں اور جو بڑھے اللہ کی حد بندیوں سے تو بیشک اس

نے اندھیر کیا خود اپنے اوپر نہیں اٹکل لگا سکتے تم کہ شاید اللہ نیا بھیجے اس کے بعد کوئی حکم ۔ O

۲. پھر جب وہ پہنچ گئیں اپنی مدت کو تو روک رکھو انہیں حسن سلوک سے ، یا الگ ہی کر دو خوبی کے ساتھ ، اور گواہ بنا لو دو عادل کو اپنے میں سے اور قائم کرو گواہی کو اللہ واسطے ۔ یہ ہے جس کی نصیحت کی جاتی ہے اسے جو مانے اللہ اور پچھلے دن کو ۔ اور جو ڈرتا رہے اللہ کو ، پیدا کر دیتا ہے اس کے لیے نکال ۔ O

۳. اور روزی دے اسے جہاں سے سان و گمان نہ ہو اور جو بھروسہ رکھے اللہ پر تو وہ اسے کافی ہے ، بیشک اللہ پورا فرما دینے والا ہے اپنے کام کو ، بیشک مقرر کر دیا اللہ نے ہر چیز کا ایک اندازہ ۔ O

۴. اور جو تمہاری عورتیں نا امید ہو چکی حیض سے ، اگر اب تک تم شک کر رہے تھے تو ان کی عدت تین مہینہ ہے اور ان کی بھی جنہیں ابھی حیض نہ آیا ۔ اور حمل والیاں ان کی مدت یہ ہے کہ جن لیں اپنا

حمل، اور جو ڈرے اللہ کو وہ کر دے گا اس کے لیے اس کے کام میں آسانی۔ O

۵. یہ ہے اللہ کا حکم جس کو نازل فرمایا تمہاری طرف اور جو ڈرے اللہ کو، وہ اتار دے گا اس سے اس کے گناہ، اور بہت بڑا دے گا اس کو ثواب۔ O

۶. عورتوں کو عدت میں رکھو جہاں خود رہنے لگے اپنی حیثیت بھر، اور نہ نقصان پہنچاؤ انہیں کہ تنگی ڈال دو ان پر، اور اگر وہ حاملہ ہوں تو بھی نان نفقہ دو انہیں یہاں تک کہ جن لیں اپنا حمل۔ پھر اگر دودھ پلائیں تمہارے بھلے کو، تو دیتے رہو انہیں ان کی اجرتوں کو، اور مشورہ کیا کرو آپس میں خوبی کے ساتھ۔ اور اگر دشوار جانا تم نے، تو قریب ہے کہ دودھ پلا دے گی اسے کوئی دوسری۔ O

۷. نفقہ دیا کرے وسعت والا اپنی وسعت کے موافق۔ اور جس پر تنگ ہے اس کی روزی، تو وہ نفقہ دیا کرے اس سے جو دیا ہے

اسے اللہ نے، نہیں بار رکھتا اللہ کسی پر مگر جو دے رکھا ہے اسے، قریب ہے کہ کر دے گا اللہ دشواری کے بعد آسانی۔ O

۸۔ اور کتنی آبادیاں تھیں کہ سرکشی کی اپنے رب کے حکم سے اور اس کے رسولوں سے، تو ہم نے حساب لیا ان کا، سخت حساب، اور عذاب دیا انہیں ناگوار عذاب۔ O

۹۔ تو چکھا اپنے کام کے وبال کو اور ان کے کام کا انجام ہوا خسارہ میں۔ O

۱۰۔ تیار کر چکا ہے اللہ ان کے سخت عذاب، تو ڈرا کرو اللہ کو اے عقل والو! جو ایمان لا چکے بیشک نازل فرمایا اللہ نے تمہاری طرف یادگار۔ O

۱۱۔ وہ رسول جو تلاوت فرمائے تم پر اللہ کی روشن آیتیں کہ نکال باہر کرے انہیں جو مان گئے اور نیکیاں کیں، اندھیریوں سے روشنی کی طرف۔ اور جو مان جائے اللہ کو اور کرے لیاقت مندی، داخل

فرمائے گا اسے باغوں میں بہتی رہتی ہیں جن کے نیچے نہریں، ہمیشہ ہمیشہ رہنے والے اس میں، بیشک خوب کر دی اللہ نے اس کی روزی۔ O

١٢. اللہ ہے جس نے پیدا فرمایا سات آسمانوں کو اور زمینیں اسی قدر، اترتا رہتا ہے حکم ان کے درمیان، تاکہ جان لو کہ بلا شبہ اللہ ہر چاہے پر قدرت والا ہے۔ اور بیشک اللہ نے گھیر لیا ہر ایک کو علم میں۔ O

٦٦۔ سورۃ التحریم

نام سے اللہ کے بڑا مہربان بخشنے والا O

۱۔ اے آنحضرت! کیوں پرہیز کرو تم اس سے کہ حلال فرما دیا جسے اللہ نے تمہاری خاطر۔ تم چاہتے ہو اپنی بیبیوں کی خوشی۔ اور اللہ غفور رحیم ہے۔ O

۲۔ بیشک مقرر فرما دیا اللہ نے تمہاری خاطر کو، تم سب مسلمانوں کی قسموں کا کفارہ، اور اللہ تم لوگوں کا مولی ہے۔ اور وہی علم والا حکمت والا ہے۔ O

۳. اور جبکہ پوشیدہ کی آنحضرت نے اپنی ایک بی بی سے بات۔ پھر جب کہہ ڈالا ان بی بی نے اس کو، اور ظاہر فرما دیا اسے اللہ نے آنحضرت پر تو انہوں نے جتا دیا کچھ اور چشم پوشی کی کچھ سے، تو جب بتایا آنحضرت نے ان بی بی کو، انہوں نے پوچھا کہ کس نے خبر دی آپ کو اس کی؟ جواب دیا کہ خبر دی مجھے اللہ علم والے بتانے والے نے۔ O

۴. بیشک تم دونوں بیبیاں توبہ کر ڈالو اللہ کی طرف، کہ تمہارے دل ہٹ گئے ہیں اور اگر چھائی رہو گی اس پر، تو بیشک اللہ ہی آنحضرت کا مولی ہے اور جبریل اور لائق مسلمان، اور پھر فرشتے ان کی پشت پر حاضر ہیں۔ O

۵. قریب ہے کہ ان کا رب اگر طلاق دے دی آنحضرت نے تم کو، یہ کہ بدل دے ان کی خاطر تم سے بہتر بیبیاں نیازمند، مان دان

کرنے والیاں، فرمانبردار توبہ والیاں، پجاریاں، روزہ دار، بیوہ اور کنواریاں۔ O

٦. اے ایمان والو! بچا لو اپنی جانوں کو اور اپنے والوں کو اس آگ سے جس کا ایندھن انسان ہیں اور پتھر۔ جس پر فرشتے ہیں سخت کرے، نہیں نافرمانی کرتے اللہ کی جو کچھ حکم دے دیا اس نے اور کرتے رہتے ہیں جو بھی حکم دیے جاتے ہیں۔ O

٧. اے کافرو! نہ تاویل گڑھو آج۔ تم بدلہ دیے جاتے ہو اسی کا جو کیا کرتے تھے۔ O

٨. اے ایمان والو! توبہ کرو اللہ کی جانب کھری توبہ۔ قریب ہے کہ تمہارا رب اتار دے تم سے تمہارے گناہ، اور داخل فرمائے تمہیں باغوں میں، بہتی ہیں جن کے نیچے نہریں، جس دن کہ نہ رسوا کرے گا اللہ آنحضرت کو، اور جو ایمان لائے ان کے ساتھ، ان کا نور دوڑ رہا ہو گا ان کے آگے اور ان کے داہنے، دعا کریں گے کہ

پروردگار! پورا فرما دے ہمارے لیے ہمارے نور کو بخش دے ہمیں، بیشک تو ہر چاہے پر قدرت والا ہے۔ O

۹. اے آنحضرت! جہاد کرو کافروں اور منافقوں سے، اور سخت رہو ان پر، اور ان کا ٹھکانہ جہنم ہے، اور کتنی بری پھرنے کی جگہ ہے۔ O

۱۰. ضرب المثل فرمائی اللہ نے کافروں کے لیے، نوح کی عورت اور لوط کی عورت کی، دونوں تھیں ما تحتی میں ہمارے دو لیاقت والے بندوں کے، تو دونوں نے دغا کی ان سے، تو نہیں کار آمد بنے ان کے لیے اللہ کے حضور کچھ بھی، اور کہا گیا کہ تم دونوں چلی جاؤ آگ میں جانے والوں کے ساتھ۔ O

۱۱. اور ضرب المثل فرمائی اللہ نے مسلمانوں کے لیے فرعون کی عورت کی، جبکہ دعا کی اس نے کہ پروردگار! بنا میرے لیے اپنے یہاں

ایک گھر جنت میں، اور بچا لے مجھے فرعون اور اس کے کرتوت سے، اور بچا لے مجھے ظالم لوگوں سے۔ O

۱۲.   اور مریم دختر عمران کی، جس نے پاکدامنی کی، تو پھونکا ہم نے اس میں اپنی طرف سے روح، اور تصدیق کی اپنے رب کی باتوں اور اس کی کتابوں کی، اور ہوئی فرمانبرداروں سے۔ O

٦٧۔ سورۃ الملک

نام سے اللہ کے بڑا مہربان بخشنے والا O

۱. بڑی برکت والا ہے وہ جس کے قبضہ میں سارا ملک ہے اور وہ ہر چاہے پر قدرت والا ہے۔ O

۲. جس نے پیدا فرمایا موت اور زندگی کو تاکہ جانچے تمھیں کہ کون کام میں زیادہ اچھا ہے، اور وہی عزت والا مغفرت والا ہے۔ O

۳. جس نے پیدا فرمایا سات آسمانوں کو نیچے اوپر۔ نہ دیکھو گے اللہ مہربان کے بنانے میں کوئی چوک۔ تو پھیر دیکھو نگاہ کہ کیا دیکھ پاتے ہو تم کوئی رخنہ؟ O

۴.   پھر دوبارہ نگاہ کرو، لوٹ پڑے گی تمہاری طرف ناکام اس حال میں کہ تھکی ماندی ہے۔ O

۵.   اور یقیناً بلا شبہ سنوارا ہم نے نزدیک والے آسمان کو چراغوں سے اور کر دیا ہم نے اسے شیطانوں کے لیے مار، اور تیار کر رکھا ہے ہم نے ان کے لیے بھڑکتی آگ کا عذاب۔ O

۶.   اور ان کے لیے جنہوں نے انکار کر دیا اپنے رب کا جہنم کا عذاب ہے، اور کتنی بری پھرنے کی جگہ ہے۔ O

۷.   جب ڈالے گئے اس میں تو سنا اس کی گدھے کی چیخ اور وہ جوش مار رہی ہے۔ O

۸.   کہ پھٹا چاہتی ہے غصہ سے، جب جب ڈالی گئی اس میں کوئی جمیعت، پوچھا انہیں اس کے داروغوں نے کہ کیا نہیں آیا تھا تمہارے پاس کوئی ڈر سنانے والا؟ O

۹۔   سب کو بولنا پڑا کہ کیوں نہیں بیشک آئے تھے ہمارے پاس ڈرانے والے، تو ہم نے جھٹلایا اور جواب دیا کہ نہیں اتارا اللہ نے کچھ تم بس کھلی گمراہی میں ہو۔ O

۱۰۔   اور بولے کہ اگر ہم سنتے یا سمجھتے تو نہ رہتے جہنم والوں میں۔ O

۱۱۔   تو اقرار کر لیا انہوں نے اپنے گناہوں کا، تو دور ہوں جہنم والے۔ O

۱۲۔   بیشک جو ڈریں اپنے رب کو بے دیکھے، ان کے لیے مغفرت اور بڑا ثواب ہے۔ O

۱۳۔   اور آہستہ کرو اپنی بات یا زور سے، بیشک وہ جاننے والا ہے سینوں کی بات کو۔ O

۱۴.   کیا وہ نہ جانے جس نے پیدا فرمایا؟ اور وہی باریک بیں خبردار
ہے۔ O

۱۵.   وہی ہے جس نے کر دیا تمہارے لیے زمین کو رام کہ چلو پھرو
اس کے راستوں میں، اور کھاؤ اس کی روزی، اور اس کی طرف اٹھنا
ہے۔ O

۱۶.   کیا نڈر ہو گئے تم آسمان والے سے کہ دھنسا دے تمہیں
زمین میں تو اس وقت وہ تھر تھراتی ہو۔ O

۱۷.   یا نڈر ہو گئے تم آسمان والے سے کہ چھوڑ دے تم پر
پتھروں کی بارش، تو اب جانو گے کہ کیسا تھا میرا ڈرانا۔ O

۱۸.   اور بیشک جھٹلایا جو ان سے پہلے تھے تو کیسا ہوا میرا انکار کر
دینا۔ O

۱۹. کیا انھوں نے نہیں دیکھا پرند کو اپنے اوپر پر کھولے، اور سمیٹ بھی لیں، نہیں روکے ہے انہیں مگر اللہ مہربان بیشک وہ ہر ایک کا نگراں ہے۔ O

۲۰. وہ کون ہے جو لشکر ہو تمہارا، مدد کرے تمہاری اللہ رحمن کے خلاف؟ کافر لوگ بس دھوکے میں ہیں۔ O

۲۱. کون ہے وہ جو روزی دے تمہیں؟ اگر روک لیا اللہ نے اپنی روزی کو۔ بلکہ جمے پڑے ہیں سرکشی اور نفرت میں۔ O

۲۲. تو کیا جو چلے اوندھا منہ کے بل بڑی ہدایت والا ہے، یا وہ جو چلے سیدھا؟ سیدھے راستہ پر۔ O

۲۳. کہہ دو کہ وہی ہے جس نے پیدا کیا تمہیں اور بنایا تمہارے لیے کان، اور آنکھیں اور دل تم کم شکر گزار ہوتے۔ O

۲۴۔ کہہ دو کہ وہی ہے جس نے پھیلا دیا تمہیں زمین میں اور اس کی طرف حشر کیے جاؤ گے۔ O

۲۵۔ اور پوچھتے ہیں کہ کب ہے یہ وعدہ اگر سچے ہو؟ O

۲۶۔ جواب دو کہ بتانا اللہ ہی کا کام ہے اور میں بس صاف صاف ڈر سنانے کا ذمہ دار ہوں۔ O

۲۷۔ پھر جہاں دیکھ پائے اسے پاس تو بگڑ گئے چہرے ان کے جنہوں نے کفر کیا تھا اور کہہ دیا گیا کہ یہ ہے جس کو تم لوگ مانگا کرتے تھے۔ O

۲۸۔ کہو کہ ذرا یہ بتاؤ کہ خواہ ہلاک کر دے مجھے اللہ اور میرے ساتھیوں کو خواہ رحم فرمائے ہم سب پر تو وہ کون ہے جو پناہ دے دے کافروں کو دکھ والے عذاب سے؟ O

۲۹۔ کہہ دو کہ وہی مہربان ہے ہم مان گئے اس کو اور اسی پر بھروسہ رکھا۔ تو جلد جان لو گے جو کھلی گمراہی میں ہے۔ O

۳۰۔ پوچھو کہ ذرا تم بتاؤ کہ اگر صبح کی تمہارے پانی نے کہ غائب ہے، تو کون لائے گا تمہارے پاس بہتا پانی۔ O

۶۸۔ سورۃ القلم

نام سے اللہ کے بڑا مہربان بخشنے والا O

۱. ن ! قسم ہے قلم کی اور جو وہ لکھیں۔ O

۲. کہ تم نہیں ہو اپنے رب کے فضل سے مجنوں۔ O

۳. اور بلاشبہ تمہارے لیے ثواب ہے بے حد۔ O

۴. اور بلاشبہ تم یقیناً بڑے خلق پر ہو۔ O

۵. تو جلد دیکھو گے ، اور وہ لوگ بھی دیکھ لیں گے۔ O

۶. کہ کسے جنون ہوا ہے۔ O

۷. بیشک تمہارا رب وہ خوب جانتا ہے جو بھٹکا اس کی راہ ہے۔

اور وہ خوب جانتا ہے جو راہ پانے والے ہیں۔ O

۸. تو نہ ماننا کرنا ان جھٹلانے والوں کی۔ O

۹. انہوں نے آرزو رکھی کہ اگر چکنی چپڑی کرو تم، تو وہ بھی چکنی

چکنی باتیں کریں۔ O

۱۰. اور نہ ماننا کرنا کسی بڑے قسم کھانے والی ذلیل کی۔ O

۱۱. چوٹ کی بات کرنے والا، چغلی لے کر ادھر ادھر چلنے والا۔ O

۱۲. خیرات سے بڑا منع کرنے والا، حد سے بڑھ جانے والا

گنہگار۔ O

۱۳. بد مزاج، ان سب کے بعد نطفہ نا تحقیق۔ O

۱۴. اس پر کہ مال والا اور بیٹوں والا ہے۔ O

۱۵. جب تلاوت کی گئیں اس پر ہماری آیتیں بولا کہ اگلوں کی کہانیاں ہیں۔ O

۱۶. جلد ہم داغ دیں گے اس کے تھوتھنے پر۔ O

۱۷. بیشک ہم نے آزمایا انہیں جس طرح آزمایا تھا ایک باغ والوں کو، کہ قسم کھائی تھی کہ ضرور کاٹیں گے اپنے کھیت کو صبح ہوتے۔ O

۱۸. اور انشاء اللہ نہیں کہتے۔ O

۱۹. تو گھوم پڑا ان پر ایک گردش والا تمہارے رب کی طرف سے، اور وہ سو رہے ہیں۔ O

۲۰. تو صبح کی کھیتی نے جیسے کٹی ہوئی۔ O

۲۱. تو انہوں نے ایک دوسرے کو آواز دی صبح کرتے ہوئے۔ O

۲۲. کہ سویرے ہی چلو اپنی کھیتی کو اگر کاٹنا چاہتے ہو۔ O

۲۳. تو چل پڑے اور وہ آہستہ آہستہ کہہ رہے ہیں۔ O

۲۴. کہ نہ گھسنے پائے کھیتی میں آج تم پر کوئی مسکین۔ O

۲۵. اور سویرے ہی پہنچے اپنی نیت بخل پر قدرت والے بن کر۔ O

۲۶. تو جب انہوں نے دیکھی کھیتی، بولے کہ بلاشبہ ہم یقیناً بھٹکے ہوئے ہیں۔ O

۲۷. بلکہ ہم تو محروم ہی ہیں O

۲۸. بولا انہیں کا ایک غنیمت آدمی کہ کیا نہیں کہہ دیا تھا میں نے تمہیں کہ تسبیح کیوں نہیں کیا کرتے۔ O

۲۹. سب بولے پاکی ہے ہمارے رب کی، بیشک ہم تھے اندھیر والے۔ O

۳۰.   تو سامنا کیا ایک نے دوسرے کا کہ ملامت کر رہے ہیں۔ O

۳۱.   بولے کہ ہائے افسوس ہم پر بیشک ہم تھے سرکش۔ O

۳۲.   قریب ہے کہ ہمارا رب بدلہ میں دے ہمیں بہتر اس سے، بیشک ہم اپنے پروردگار کی طرف رغبت رکھنے والے ہیں۔ O

۳۳.   ایسا ہی ہوتا ہے عذاب اور یقیناً آخرت کا عذاب کہیں بڑا ہے۔ اگر وہ لوگ جانتے۔ O

۳۴.   بیشک اللہ سے ڈر جانے والوں کے لیے ان کے رب کے پاس راحت کے باغ ہیں۔ O

۳۵.   تو کیا ہم کر دیں گے مسلمانوں کو مجرموں کی طرح؟ O

۳۶.   کیا ہوا تمہیں۔ کیسی زبردستی کرتے ہو۔ O

۳۷.   کیا تم لوگوں کی بھی کوئی کتاب ہے جسے پڑھتے ہو۔ O

۳۸.   کہ تمہارا بھی کچھ اس میں ہے۔ جس کو تم پسند کرو۔ O

۳۹.	یا تم لوگوں کے لیے ہم پر کچھ قسمیں ہیں قیامت تک کی، کہ بلا شبہ تمہارا ہے جو تم فیصلہ کرو۔ O

۴۰.	پوچھو ان لوگوں سے کہ کون اس کا ذمہ دار بنتا ہے؟ O

۴۱.	یا ان کے معبود ہیں تو لے آئیں اپنے معبودوں کو، اگر سچے ہیں۔ O

۴۲.	جس دن کہ کشف ساق کیا جائے گا، اور بلائے جائیں گے سجدہ کی طرف تو نہ کر سکیں گے۔ O

۴۳.	جھکی پڑی ان کی آنکھیں اور چھائی جاتی ہے انہیں رسوائی، اور بیشک یہ بلائے جاتے تھے سجدہ کی طرف جبکہ تندرست ہیں۔ O

۴۴.	تو رہنے دو مجھے وار جو جھٹلاتا ہے اس بات کو، جلد ہی ہم بتدریج لے جائیں گے انہیں جہاں سے جان نہ سکیں۔ O

۴۵۔   اور ڈھیل دوں گا انہیں، بیشک میری پوشیدہ تدبیر مضبوط ہے۔ O

۴۶۔   کیا تم ان سے اجرت چاہتے ہو تو وہ تاوان سے گراں بار ہیں۔ O

۴۷۔   یا ان کے پاس غیب ہے تو وہ جنم پترا بناتے ہیں۔ O

۴۸۔   تو منتظر رہو اپنے رب کے حکم کے لیے اور نہ ہونا مچھلی کے واقعہ والے کی طرح جبکہ پکارا اور وہ غمناک ہے۔ O

۴۹۔   اگر نہ تدارک کرتی ان کے رب کی طرف سے نعمت، تو وہ یقیناً پھینک دیے جاتے چٹیل میدان میں زبوں حال۔ O

۵۰۔   تو چن لیا انہیں ان کے رب نے تو کر دیا انہیں لیاقت والوں سے۔ O

۵۱۔ اور واقع میں کافر لوگ ضرور گرانے لگتے ہیں تم کو اپنی نظر بد سے جب جب انہوں نے سنا نصیحت کو، اور کہتے ہیں کہ بیشک یہ مجنوں ہے۔ O

۵۲۔ اور وہ بس نصیحت ہے سارے جہان کے لیے۔ O

٦٩ ـ سورۃ الحاقۃ

نام سے اللہ کے بڑا ہی مہربان بخشنے والا۔ O

۱. وہ ہونے ہی والی۔ O

۲. اور کیسی کچھ ہے وہ ہونے ہی والی۔ O

۳. اور کیا تم سمجھے کہ کیسی کچھ ہے وہ ہونے ہی والی۔ O

۴. جھٹلایا ثمود اور عاد نے اس دل ہلا دینے والی گھڑی کو۔ O

۵. تو ثمود تو برباد کر دیے گئے حد سے بڑھی چنگھاڑ سے۔ O

۶. اور رہے عاد تو وہ تباہ کر دیے گئے نہایت تیز آندھی

سے۔ O

۷. مسلط کر دیا اسے ان پر سات رات اور آٹھ دن متواتر۔ تو

دیکھو قوم کو اس میں گرائے بچھاڑے، گویا کہ وہ کھجور کے گرے

درخت کے تنے ہیں۔ O

۸. تو کیا دیکھتے ہو ان کا کوئی بچا ہوا؟ O

۹. اور لے آیا فرعون اور اس کے پہلے والے، اور الٹائی پلٹائی

بستیوں والے جرم۔ O

۱۰. چنانچہ گناہ کیا اپنے رب کے رسول کا، تو پکڑا انہیں بڑھی

چڑھی پکڑ۔ O

۱۱. بیشک ہم نے جب بڑھ چڑھ گیا پانی، سوار کرایا تھا تم سب کو

چلتی کشتی میں۔ O

۱۲.　تاکہ کردیں ہم اسے تمہارے لیے یادگار، اور یاد رکھیں اسے یاد رکھنے والے کان۔ O

۱۳.　تو جہاں پھونکا گیا صور میں ایک دم۔ O

۱۴.　اور اٹھالی گئی زمین اور پہاڑ، پھر ریزہ ریزہ کر دیے گئے دونوں ایک ہی پٹک میں۔ O

۱۵.　تو اس دن واقع ہو گئی، واقع ہونے ہی والی گھڑی۔ O

۱۶.　اور پھٹ گئے آسمان، تو وہ اس دن بے زور رہے۔ O

۱۷.　اور فرشتے اس کے کناروں پر ہیں۔ اور اٹھائیں گے تمہارے رب کے عرش کو اپنے اوپر اس دن آٹھ فرشتے۔ O

۱۸.　اس دن تم لوگ پیش کیے جاؤ گے نہ چھپ سکے گی تم میں سے کوئی چھپنے والی ہستی۔ O

۱۹. توجو دیا گیا اس کا نامہ اعمال داہنے ہاتھ میں، تو وہ کہے گا کہ لو پڑھو میرا نامہ اعمال۔ O

۲۰. بیشک میں سمجھتا تھا کہ بیشک میں پاؤں گا اپنا حساب۔ O

۲۱. تو وہ اپنے پسندیدہ آرام میں ہے۔ O

۲۲. فردوس عالی میں۔ O

۲۳. جس کے خوشے قریب ہی ہیں۔ O

۲۴. کہ کھاؤ اور پیو خوش خوش، صلہ اس کا جو پہلے بھیج چکے تم گزرے زمانہ میں۔ O

۲۵. اور رہا وہ جو دیا گیا نامہ اعمال بائیں ہاتھ میں، تو کہے گا کہ اے کاش! نہ دیا جاتا میں اپنا نامہ اعمال۔ O

۲۶. اور نہ جانتا کہ کیا حساب میرا ہے۔ O

۲۷. اے کاش! وہ موت ہوتی ہمیشہ کے لیے۔ O

۲۸۔ نہ کام آیا میرے میرا مال۔ O

۲۹۔ جاتی رہی مجھ سے میری قوت۔ O

۳۰۔ پکڑو اسے، پھر طوق پہنا دو اس کو۔ O

۳۱۔ پھر جہنم میں جھونک دو اس کو۔ O

۳۲۔ پھر زنجیر جس کی پیمائش ستر گز ہے، تو اس میں پرو دو اس کو۔ O

۳۳۔ یہ نہیں مانتا تھا عظمت والے اللہ کو۔ O

۳۴۔ اور نہیں ابھارتا تھا مسکین کے کھانا دینے پر۔ O

۳۵۔ تو نہیں ہے اس کا آج یہاں کوئی دوست۔ O

۳۶۔ اور نہ کوئی غذا، مگر زخموں کی نچوڑی پیپ۔ O

۳۷۔ نہ کھائیں گے اسے مگر وہ خطاکار۔ O

۳۸. تو نہیں کیا میں تو قسم کھاتا ہوں ان چیزوں کی، جسے تم لوگ دیکھتے ہو۔ O

۳۹. اور جسے نہیں دیکھتے۔ O

۴۰. کہ بیشک یہ بات چیت ہے رسول کریم سے۔ O

۴۱. اور نہیں ہے وہ کسی شاعر کی بات۔ کس قدر کم مانا کرتے ہو۔ O

۴۲. اور نہ کسی کاہن کی بات۔ کس قدر کم دھیان کرتے ہو۔ O

۴۳. اس کا اتارنا ہے رب العالمین کی طرف سے۔ O

۴۴. اور اگر بنا لیتے ہم پر کوئی بات۔ O

۴۵. تو ہم پکڑ چکے ہوتے ان کو قوی ہاتھ سے۔ O

۴۶. پھر یقیناً کاٹ چکے ہوتے ان کی رگ دل کو۔ O

۴۷. پھر نہ ہوتا تم میں کوئی روک سکنے والا۔ O

۴۸. اور بیشک یہ یقیناً نصیحت ہے ڈروالوں کے لیے۔ O

۴۹. اور بیشک ہم یقیناً جانتے ہیں کہ بیشک تم میں جھٹلانے والے ہیں۔ O

۵۰. اور بیشک یقیناً وہ حسرت ہے کافروں پر۔ O

۵۱. اور بیشک وہ حق یقینی ہے۔ O

۵۲. تو پاکی بولتے رہو اپنے عظمت والے رب کے نام کی۔ O

۷۰۔ سورۃ المعارج

نام سے اللہ کے بڑا مہربان بخشنے والا O

۱. مانگا ایک مانگنے والے نے اس عذاب کو جو ہونے ہی والا ہے۔ O

۲. کافروں کو نہیں ہے اس کا کوئی ہٹا سکنے والا۔ O

۳. بلندیوں والے اللہ کی طرف سے۔ O

۴. کہ عروج کرتے ہیں فرشتے اور روح الامین اس کی طرف اس دن میں، جس کی مقدار پچاس ہزار سال ہے۔ O

۵.   تو تم خوب صبر سے کام لو۔ O

۶.   بلاشبہ وہ سمجھتے ہیں اس کو دور انہونی۔ O

۷.   اور ہم دیکھ رہے ہیں اس کو قریب ہونے ہی والی۔ O

۸.   جس دن ہوگا آسمان جیسے پگھلی چاندی۔ O

۹.   اور ہوں گے پہاڑ جیسے دھنی اون۔ O

۱۰.   ورنہ پوچھے گا کوئی دوست کسی دوست کی۔ O

۱۱.   حالانکہ وہ لوگ باہم پیش نظر کیے جائیں گے۔ آرزو کرے گا مجرم کہ اگر فدیہ دے دے اس دن کے عذاب سے بچنے کو اپنے بیٹے۔ O

۱۲.   اور بیوی اور بھائی۔ O

۱۳.   اور اپنا کنبہ، جو ٹھکانہ دیتا رہا ہے اسے۔ O

۱۴۔ اور سارے زمین والے کو، پھر بھی یہ فدیہ دینا اسے بچالے گا۔ O

۱۵۔ ہرگز نہیں، بیشک وہ بھڑکتی آگ ہے۔ O

۱۶۔ کھال تک اتار دینے والی۔ O

۱۷۔ بلاتی رہتی ہے اسے جس نے پیٹھ دکھائی تھی اور منہ پھیرا تھا۔ O

۱۸۔ اور جمع جتھا کیا تھا اور صندوق میں رکھا تھا۔ O

۱۹۔ بیشک انسان پیدا کیا گیا ہے بے صبرا۔ O

۲۰۔ جب پہنچی خرابی تو گھبراہٹ والا ہے۔ O

۲۱۔ اور جب پہنچی اسے بھلائی تو روک رکھنے والا ہے۔ O

۲۲۔ مگر نمازی لوگ۔ O

۲۳۔ جو اپنی نماز پر ہمیشہ قائم ہیں۔ O

۲۴. اور جن کے مالوں میں حق مقرر ہے منگتا کے لیے۔ O

۲۵. اور نہ مانگ سکنے والے کے لیے۔ O

۲۶. اور جو تصدیق کریں روز جزا کی۔ O

۲۷. اور جو اپنے رب کے عذاب سے ڈرنے والے ہیں۔ O

۲۸. بیشک ان کے رب کا عذاب نڈر ہونے کی چیز نہیں۔ O

۲۹. اور جو اپنی شرمگاہ کی حفاظت کرنے والے ہیں۔ O

۳۰. مگر اپنی بیبیوں پر یا جو ان کے دست ملکیت میں لونڈیاں ہیں، کہ بیشک وہ مجرم نہیں ہیں۔ O

۳۱. تو جس نے چاہا اس کے سوا، تو وہی حد سے بڑھ جانے والے ہیں۔ O

۳۲. اور جو اپنی امانتوں اور عہد کے لحاظ رکھنے والے ہیں۔ O

۳۳. اور جو اپنی گواہیوں پر ٹھیک رہنے والے ہیں۔ O

۳۴. اور جو اپنی نماز کی حفاظت کرنے والے ہیں۔ O

۳۵. وہ ہیں جنتوں میں باعزت۔ O

۳۶. تو کیا ہوا کافروں کو؟ کہ تمہاری طرف گھورنے والے ہیں۔ O

۳۷. داہنے اور بائیں سے، گروہ در گروہ۔ O

۳۸. کیا للچاتا ان کا ہر شخص کہ داخل کیا جائے راحت کے باغ میں۔ O

۳۹. ہرگز نہیں۔ بیشک ہم نے پیدا فرمایا انہیں اس سے جسے وہ جانتے ہی ہیں۔ O

۴۰. تو نہیں کیا میں قسم یاد کرتا ہوں تمام پوربوں اور سارے پچھموں کے رب کی، کہ بیشک ہم یقیناً قدرت والے ہیں۔ O

۴۱. اس پر کہ بدل دیں ان سے بہتر اور نہیں ہیں ہم عاجز۔ O

۴۲.	تو چھوڑو انہیں کہ بے ہودگی میں پڑے رہیں اور کھیلا کریں یہاں تک کہ ملیں اپنے اس دن کو جس کا وعدہ دیے گئے ہیں۔ O

۴۳.	جس دن نکلیں گے قبروں سے جھپٹے ہوئے گویا وہ اپنے اپنے کسی نشان تک دوڑ لگا رہے ہیں۔ O

۴۴.	جھکی جھکی ان کی آنکھیں، چھائی ان پر ذلت، یہ ہے وہ دن جس کا وعدہ دیے جاتے تھے۔ O

۷۱۔ سورۃ نوح

نام سے اللہ کے بڑا مہربان بخشنے والا O

۱. بیشک بھیجا ہم نے نوح کو ان کی قوم کی طرف کہ ڈر سنا دو اپنی
قوم کو قبل اس کے کہ آئے ان کے پاس دکھ والا عذاب۔ O

۲. انہوں نے کہا کہ اے میری قوم! بلا شبہ میں تمہارے لیے
کھلا کھلا ڈر سنا دینے والا ہوں۔ O

۳. کہ پوجو اللہ کو اور ڈرو اسے، اور کہا مانو میرا۔ O

۴.   بخشے دے گا تمہارے گناہوں کو اور مہلت دے گا تمہیں ایک مقرر مدت تک۔ بلاشبہ اللہ کا مقررہ کردہ وقت جب آ گیا تو نہیں ہٹایا جاتا۔ اگر تم جانتے ہوتے۔ O

۵.   دعا کی کہ پروردگار! بلاشبہ میں نے تو بلایا اپنی قوم کو رات دن۔ O

۶.   تو نہیں بڑھا ان میں میرے بلانے سے، مگر بھاگتے رہنا۔ O

۷.   اور بیشک جب جب میں نے بلایا انہیں کہ تو بخش دے انہیں تو دیتے رہے اپنی انگلیاں اپنے کانوں میں، اور اوڑھ لیے اپنے کپڑے، اور ضد کرتے رہے اور بڑے بنتے رہے بے حد۔ O

۸.   پھر بیشک میں نے بلایا انہیں بلند آواز سے۔ O

۹.	پھر بیشک میں نے علانیہ بلایا انہیں اور خفیہ باتیں بھی کیں ان سے خوب۔ O

۱۰.	چنانچہ میں نے کہا کہ مغفرت مانگو اپنے رب کی، بیشک وہ مغفرت والا ہے۔ O

۱۱.	برسائے گا اوپر سے تم پر موسلا دھار بارش۔ O

۱۲.	اور بڑھائے گا تمہیں مال اور بیٹوں میں اور بنا دے گا تمہارے لیے باغ، اور کر دے گا تمہارے لیے نہریں۔ O

۱۳.	کیا ہوا تمہیں کہ امیدواری نہیں کرتے اللہ سے وقار کی؟ O

۱۴.	حالانکہ بیشک اس نے پیدا فرمایا تمہیں ڈھنگ ڈھنگ کے۔ O

۱۵.	کیا تم لوگوں نے نہ دیکھا کہ کیسا پیدا فرمایا اللہ نے سات آسمانوں کو نیچے اوپر۔ O

۱۶۔ اور بنایا چاند کو ان میں روشن، اور بنایا سورج کو چراغ۔ O

۱۷۔ اور اللہ نے اگایا تمہارے لیے زمین سے سبزہ۔ O

۱۸۔ پھر دوبارہ لے جائے گا تم لوگوں کو اس میں اور نکالے گا تمہیں دوبارہ۔ O

۱۹۔ اور اللہ نے کر دیا تمہارے لیے زمین کو بستر۔ O

۲۰۔ تاکہ چلو پھر و اس کے کشادہ راستوں میں۔ O

۲۱۔ عرض کیا نوح نے کہ پروردگار! بلاشبہ ان لوگوں نے گناہ کیا میرا، اور چلے اس کے پیچھے کہ نہیں بڑھایا جس کے مال و اولاد نے مگر خسارہ کو۔ O

۲۲۔ اور چالبازی کرتے رہے وہ بڑی سخت۔ O

۲۳۔ اور کہتے رہے کہ مت چھوڑنا اپنے معبودوں کو اور مت چھوڑنا ود، اور نہ سواع، نہ یغوث و یعوق و نسر ناموں کے بتوں کو۔ O

۲۴۔   اور بیشک انہوں نے بے راہ کیا بہتوں کو، اور نہیں بڑھاتے اندھیر والے مگر بے راہی کو۔ O

۲۵۔   اپنی کیسی خطاؤں کے سبب، وہ لوگ ڈبو دیے گئے، پھر داخل کیے گئے آگ میں۔ تو نہ پایا اپنا اللہ کے خلاف مددگاروں کو۔ O

۲۶۔   اور دعا کی نوح نے کہ پروردگار! نہ چھوڑ زمین پر کافروں سے کوئی بسنے والا۔ O

۲۷۔   بیشک تو نے اگر چھوڑ رکھا انہیں تو بے راہ رکھیں گے تیرے سب بندوں کو، اور نہ جنیں گے مگر بدکار ناشکرے۔ O

۲۸۔   پروردگار! بخش دے مجھے اور میرے ماں باپ کو اور اسے جو داخل ہوا میرے گھر میں مانتا ہوا، اور مسلمان مردوں اور عورتوں کو اور مت بڑھا ان اندھیر والوں میں مگر بربادی۔ O

۷۲۔ سورۃ الجن

نام سے اللہ کے بڑا مہربان بخشنے والا O

١.   کہہ دو کہ وحی بھیجی گئی ہے میری طرف کہ بلاشبہ یہ واقعہ ہوا کہ خوب سنا چند جنوں نے تو بولے کہ بیشک ہم نے سنا نادر قرآن ۔ O

٢.   جو راہ دیتا ہے ہدایت کی طرف، لہذا مان لیا ہم نے اس کو، اور ہرگز نہ شریک بنائیں گے اپنے رب کا کسی کو۔ O

٣.   اور بیشک واقعہ ہے کہ بلند و بالا ہے ہمارے رب کی شان، اس نے نہیں رکھا کوئی بی بی اور نہ اولاد۔ O

۴. اور بیشک بکا کرتے تھے ہم میں کے بیوقوف، اللہ پر جھوٹ۔ O

۵. اور بیشک ہم سمجھے تھے کہ نہ بولیں گے انسان اور جن، اللہ پر جھوٹ بولی۔ O

۶. اور بیشک کچھ مرد آدمی تھے، کہ پناہ لیتے تھے کچھ جن مردوں کی، تو بڑھا دی ان کی ڈینگ۔ O

۷. اور انہوں نے سمجھ رکھا تھا جیسا کہ تم لوگوں نے سمجھ رکھا ہے کہ ہرگز نہ بھیجے گا اللہ کسی نبی کو۔ O

۸. اور بلاشبہ ہم نے چھوا آسمان کو تا پایا ہم نے اسے کہ بھر دیا گیا ہے سخت پہروں اور شعلوں سے۔ O

۹. اور بیشک ہم بیٹھا کرتے تھے وہاں جا بجا سننے کو، تو اب جو سننا چاہے، پائے گا اپنے لیے شعلہ کو گھات میں۔ O

۱۰.	اور بیشک ہم نہیں قیاس کر سکتے کہ آیا برائی کا ارادہ کیا گیا ہے زمین والوں سے، یا ارادہ فرمایا ہے ان کے لیے ان کے رب نے بھلائی کا۔ O

۱۱.	اور بیشک ہم میں بعض نیک ہیں اور بعض ان کے خلاف ہیں، ہم الگ الگ راہ رہے۔ O

۱۲.	اور بیشک ہم نے سمجھ لیا کہ ہم ہر گز نہیں بے قابو کر سکتے اللہ کو زمین میں کہیں، اور نہ بے قابو کر سکتے ہیں اسے بھاگ کر۔ O

۱۳.	اور بیشک جب سن لیا ہم نے ہدایت کو تو مان گئے اس کو کہ جو مانے گا اپنے رب کو، تو نہ ڈرے گا کسی کمی کو نہ بیشی کو۔ O

۱۴.	اور بیشک ہم میں کچھ مسلمان ہیں اور کچھ ظالم ہیں، تو جس نے اسلام قبول کیا تو انھوں نے مقصود بنایا ہدایت کو۔ O

۱۵.	اور رہے ظالم تو وہ ہوئے جہنم کے ایندھن۔ O

۱۶.	اور یہ بھی وحی کی گئی ہے کہ اگر لوگ سیدھے چلتے راہ پر، تو یقیناً ہم سیراب کرتے انہیں پانی سے بافراط۔ O

۱۷.	تاکہ آزمائیں انہیں اس بارے میں، اور جو منہ پھیرے اپنے رب کے ذکر سے، تو گھسیٹے گا اسے بڑھنے چڑھنے والے عذاب میں۔ O

۱۸.	اور بیشک مسجدیں اللہ کے لیے ہیں، تو مت دہائی دو اللہ کے ساتھ کسی اور معبود کی۔ O

۱۹.	اور بیشک جب کھڑا ہوا اللہ کا بندہ کہ معبود کی دہائی دے، تو ہو جانے لگی اس پر بھیڑ۔ O

۲۰.	کہہ دو کہ میں دہائی دیتا ہوں بس اپنے رب ہی کی، اور نہیں شریک بناتا اس کا کسی کو۔ O

۲۱۔   کہہ دو کہ میں خود مختار ہوں تمہارے کسی برے کا اور نہ بھلے کا۔ O

۲۲۔   کہہ دو کہ بیشک نہیں بچا سکتا مجھے اللہ سے کوئی دوسرا۔ اور ہرگز نہ پا سکتا اس کے خلاف کوئی پناہ گاہ۔ O

۲۳۔   سوا اللہ کی پیغامبری اور رسالتوں کے، اور جو گناہ کرے اللہ اور اس کے رسول کا، تو بلا شبہ اس کے لیے جہنم کی آگ ہے، ہمیشہ ہمیشہ رہنے والے اس میں۔ O

۲۴۔   یہاں تک کہ جب دیکھ پائے جس کا وعدہ دیے جاتے ہیں، اب جلد جان لیں گے، کہ کون کمزور رکھتا ہے مددگار، اور کم بھی شمار میں۔ O

۲۵۔   کہہ دو میں اٹکل سے نہیں کہہ سکتا، کہ قریب ہے جو وعدہ دیے جاتے ہو، یا کر دے گا اس کو میرا رب دراز۔ O

۲۶. اور وہ غیب کا جاننے والا ہے تو نہیں مکمل آگاہی دیتا غیب پر کسی کو۔ O

۲۷. مگر جسے چن لیا رسول سے، کہ بلاشبہ وہ لگا دیتا ہے رسول کے آگے پیچھے پہرہ۔ O

۲۸. تاکہ بتا دے کہ انہوں نے پہنچا دیا اپنے رب کے پیغام کو اور گھیر لیا جو کچھ ان کے پاس ہے، اور شمار کر لیا ہر چیز کو گنتی میں۔ O

۷۳۔ سورۃ المزمل

نام سے اللہ کے بڑا مہربان بخشنے والاO

۱. اے چادر کی جھرمٹ مارنے والے۔ O

۲. جاگو رات کو عبادت میں، مگر کچھ حصہ۔ O

۳. آدھی رات یا اس سے کم کردو۔ O

۴. یا بڑھا دو اس پر کچھ اور قرآن کو پڑھو ٹھہر ٹھہر کر۔ O

۵. بیشک ہم اب اتاریں گے تم پر گراں وزن بات۔ O

۶.	بیشک رات کا اٹھنا، یہ زیادہ ہے نفس پر دباؤ ڈالنے کو اور بہت ٹھیک ہے کچھ بولنے کو۔ O

۷.	بیشک تمہارے لیے دن میں بہتیرے کام ہیں۔ O

۸.	اور اپنے رب کے نام کا ذکر کرو، اور اسی کے ہو رہو سب سے الگ ہو کر O

۹.	مشرق و مغرب کا رب، نہیں ہے کوئی معبود اس کے سوا تو بنائے رہو اسی کو کارساز۔ O

۱۰.	اور صبر کرو اس پر جو لوگ بک دیتے ہیں اور ابھی چھوڑے رہو انہیں خوبصورتی سے۔ O

۱۱.	اور رہنے دو مجھے اور ان جھٹلانے والے سرمایہ داروں کو، اور مہلت دے دو انہیں ذرا سی۔ O

۱۲۔   بیشک ہمارے پاس بھاری بھاری بیڑیاں اور بھڑکتی آگ ہے۔ O

۱۳۔   اور غذا اٹکنے والی، اور دکھ والا عذاب۔ O

۱۴۔   جس دن کہ کانپ پڑیں گے زمین اور پہاڑ، اور ہو گئے پہاڑ ریت کے بہتے ٹیلے۔ O

۱۵۔   بیشک ہم نے بھیجا تم لوگوں کی طرف رسول کو، چشم دید گواہ تم پر، جس طرح کہ بھیجا تھا ہم نے فرعون کی طرف رسول کو۔ O

۱۶۔   تو گناہ کیا فرعون نے اپنے رسول کا، تو پکڑا ہم نے اسے وبال کی پکڑ۔ O

۱۷۔   تو کیسے بچو گے تم لوگ اگر کفر میں رہ گئے اس دن؟ جو کر دے گا بچوں کو بوڑھا۔ O

۱۸.   آسمان تو پھٹ جانے والا ہے اس سے، اس کا وعدہ کیا دھرا

ہی دھرا ہے۔ O

۱۹.   بیشک یہ نصیحت ہے، تو جس نے چاہا بنا لیا اپنے رب کی

طرف راستہ۔ O

۲۰.   بیشک تمہارا تب جانتا ہے کہ تم شب بیداری کرتے ہو،
قریب دو تہائی رات کے، اور آدھی رات تک اور ایک تہائی رات
تک، اور وہ جماعت جو تمہارے ساتھی ہیں۔ اور اللہ اندازہ فرماتا ہے
رات اور دن کا، اسے معلوم ہے کہ تم لوگ نہیں شمار کر سکو گے، تو
کرم فرمایا تم پر اب پڑھ لیا کرو جو آسان ہو قرآن سے۔ اسے معلوم
ہے کہ عنقریب ہوں گے تم میں سے کچھ بیمار، اور کچھ لوگ سفر کریں
گے زمین میں، تلاش کریں گے اللہ کا فضل۔ اور کچھ لوگ جہاد کریں
گے اللہ کی راہ میں، اب پڑھ لیا کرو جو آسان ہو قرآن سے۔ اور پابندی
کرو نماز کی اور دیتے زکوٰۃ کو اور دو اللہ کو قرض حسنہ اور جو آگے بھیج دو

گے اپنے بھلے کو کوئی بھلائی تو پاؤ گے اسے اللہ کے یہاں بہتر اور بہت بڑا ثواب میں، اور مانگتے رہو بخشش اللہ سے بیشک اللہ غفور رحیم ہے۔ O

۷۴۔ سورۃ المدثر

نام سے اللہ کے بڑا مہربان بخشنے والا O

۱. اے چادر اوڑھنے والے O

۲. کھڑے ہو جاؤ، پھر ڈر سنا دو۔ O

۳. اور اپنے رب کی بڑائی بولو۔ O

۴. اور اپنے کپڑوں کو پاک ہی رکھو۔ O

۵. اور بت کو تو بالکل چھوڑے رکھو۔ O

۶. اور اس لیے احسان نہ کرو کہ بدلہ زیادہ چاہو۔ O

۷. اور اپنے رب ہی پر جمے رہو۔ O

۸. کہ جہاں پھونکا گیا صور میں۔ O

۹. تو وہ دن دشوار دن ہے۔ O

۱۰. کافروں پر آسان نہیں ہے۔ O

۱۱. رہنے دو مجھے اور جسے پیدا کیا میں نے اکیلا۔ O

۱۲. اور دیا میں نے اسے لمبا چوڑا سرمایہ۔ O

۱۳. اور حاضر باش بیٹے۔ O

۱۴. اور سامان دیا اسے خوب۔ O

۱۵. پھر بھی للچاتا ہے کہ میں اور بھی دوں۔ O

۱۶. ہرگز نہیں بیشک یہ ہماری آیتوں کا مخالف ہے۔ O

۱۷. جلدی چڑھاؤں گا اسے صعود نام کے جہنمی پہاڑ پر۔ O

۱۸. بیشک اس نے سوچا اور اندازہ لگایا۔ O

۱۹۔ تو غارت کیا جائے، کیسا اندازہ لگایا۔ O

۲۰۔ پھر غارت کیا جائے، کیسا اندازہ لگایا۔ O

۲۱۔ پھر نگاہ ڈالی۔ O

۲۲۔ پھر تیوری چڑھا لی اور منہ بگاڑا۔ O

۲۳۔ پھر پیٹھ دکھائی اور بڑا بنا۔ O

۲۴۔ پھر بولا کہ یہ بس جادو ہی کی نقل کی جاتی ہے۔ O

۲۵۔ یہ نہیں ہے مگر بشر کا کلام۔ O

۲۶۔ جلد جھونک دوں گا میں اسے جہنم میں۔ O

۲۷۔ اور تم نے کیا اٹکل لگایا، کہ کیا ہے جہنم؟ O

۲۸۔ نہ باقی رکھے اور نہ چھوڑے۔ O

۲۹۔ جھلسا دینے والی چہروں کو۔ O

۳۰۔ اس پر مقرر ہیں انیس۔ O

۳۱. اور نہیں مقرر کیا ہم نے جہنم کے داروغے مگر فرشتوں کو۔ اور نہیں قرار دیا ان کے شمار کو مگر آزمائش ان کے لیے جنھوں نے کفر کیا، تاکہ یقین کر لیں جنہیں دی گئی ہے کتاب اور قوی ہو جائے جو ایمان لا چکے ہیں ان کا ایمان اور شک نہ کر سکیں جو وہ دیے گئے ہیں کتاب اور مسلمان۔ اور تاکہ بکا کریں وہ جن کے دلوں میں بیماری ہے، اور کافر لوگ کہ کیا منشا ہے اللہ کا اس عجیب بات سے۔ اسی طرح بے راہ رکھتا ہے اللہ جسے چاہے۔ اور راہ دیتا ہے جسے چاہے۔ اور نہیں بتا سکتا تمہارے رب کے لشکروں کو سوا اس کے، اور نہیں ہے وہ مگر نصیحت بشر کے لیے۔ O

۳۲. نہیں کیا قسم ہے چاند کی۔ O

۳۳. اور رات کی جب پیٹھ پھیرے۔ O

۳۴. اور صبح کی جب روشنی پھیلا دے۔ O

۳۵.	بیشک جہنم بڑی چیزوں کی ایک ہے۔ O

۳۶.	ڈراوٴنی بشر کے لیے۔ O

۳۷.	جس نے چاہا تم میں سے کہ آگے بڑھ جائے یا پیچھے پڑا رہے۔ O

۳۸.	ہر جان جو کچھ کمایا اس میں گرو ہے۔ O

۳۹.	مگر داہنے ہاتھ والے۔ O

۴۰.	باغوں میں ہیں،، دریافت کریں گے۔ O

۴۱.	مجرموں سے۔ O

۴۲.	کہ کیا چیز لے گئی تمہیں جہنم میں؟ O

۴۳.	انہوں نے جواب دیا کہ ہم نہ تھے نمازیوں سے۔ O

۴۴.	اور نہیں کھلایا کرتے تھے مسکین کو۔ O

۴۵. اور بے ہودہ بحثیں کرتے تھے، بے ہودہ گویوں کے ساتھ ساتھ۔ O

۴۶. اور ہم جھٹلایا کرتے تھے روز جزا کو۔ O

۴۷. یہاں تک کہ آ گئی ہمیں موت۔ O

۴۸. اب نہ فائدہ دے گی انہیں شفاعت کرنے والوں کی شفاعت۔ O

۴۹. تو انہیں کیا ہے کہ نصیحت سے رو گردانی کرنے والے ہیں۔ O

۵۰. گویا کہ وہ بھڑکے ہوئے گدھے ہیں۔ O

۵۱. بھاگے ہیں شیر سے۔ O

۵۲. بلکہ چاہتا ہے ہر شخص ان کا کہ دیے جاتے الگ الگ صحیفے۔ O

۵۳. ہرگز نہیں! بلکہ وہ ڈرتے ہی نہیں آخرت کو۔ O

۵۴. نہیں کیا بلاشبہ یہ نصیحت ہے۔ O

۵۵. تو جس نے چاہا نصیحت لی اس سے۔ O

۵٦. اور نہیں نصیحت حاصل کرتے مگر یہ کہ اللہ چاہے، وہی ڈرنے کے لائق اور مغفرت والا ہے۔ O

۷۵۔ سورۃ القیامۃ

نام سے اللہ کے بڑا مہربان بخشنے والاO

۱. نہیں کیا میں قسم یاد کرتا ہوں قیامت کے دن کی۔ O

۲. اور قسم ہے اس جان کی جو اپنی بیحد ملامت کرتی رہتی ہے۔ O

۳. کیا سمجھ رکھا ہے انسان نے کہ ہم نہ جمع کر سکیں گے اس کی ہڈیاں۔ O

۴. کیوں نہیں، ہم قدرت والے ہیں اس پر کہ ٹھیک کر دیں اس کے پور پور۔ O

۵. بلکہ انسان چاہتا ہے کہ بدی کرتا رہے اس کے آگے۔ O

۶. کہ پوچھتا ہے کہ کب ہے قیامت کا دن؟ O

۷. تو جب آنکھ چوندھیا پڑی۔ O

۸. اور گہن میں پڑا چاند۔ O

۹. اور ملا دیا گیا سورج اور چاند۔ O

۱۰. کہے گا انسان اس دن کہ کہاں بھاگ کر بچوں۔ O

۱۱. ہرگز نہیں! کوئی پناہ گاہ نہیں۔ O

۱۲. تمہارے رب ہی کی طرف اس دن ٹھہرنے کی جگہ ہے۔ O

۱۳. بتا دیا جائے گا انسان اس دن جو کچھ آگے پیچھے کیا تھا۔ O

۱۴. بلکہ انسان اپنے اوپر خود ہی نظر رکھنے والا ہے۔ O

۱۵۔ گولا ڈالے اپنے بہانے۔ O

۱۶۔ مت حرکت دو قرآن کے ساتھ اپنی زبان کو، کہ جلد یاد کر لو۔ O

۱۷۔ بلاشبہ ہم پر ہے اس کا جمع کرنا اور اس کا تمہارے پڑھنے میں رکھنا۔ O

۱۸۔ تو جب ہم اسے پڑھ چکیں تو اس پڑھے ہوئے کی اتباع کرو۔ O

۱۹۔ پھر بلاشبہ ہم پر ہے اس کا تم پر روشن کر دینا۔ O

۲۰۔ کچھ بھی نہیں بلکہ تم لوگ چاہنے لگے ہو جلد جلدی والی دنیا کو۔ O

۲۱۔ اور چھوڑے ہو آخرت کو۔ O

۲۲۔ کچھ چہرے اس دن ترو تازہ ہیں۔ O

۲۳۔ اپنے رب کی طرف دیکھنے والے۔ O

۲۴۔ اور کچھ منہ اس دن بگڑے ہوئے۔ O

۲۵۔ سمجھتے ہوں گے کہ کیا جائے گا انہیں کمر توڑ دینے والا عذاب۔ O

۲۶۔ کیوں نہیں! جب پہنچی جان گلے تک۔ O

۲۷۔ اور کہا گیا کہ کوئی جھاڑ۔ پھونک والا ہے؟ O

۲۸۔ اور اس نے سمجھا کہ اب جدائی ہے۔ O

۲۹۔ اور لپٹ گئی پنڈلی سے پنڈلی۔ O

۳۰۔ تمہارا رب ہی کی طرف اس دن ہانک جانا۔ O

۳۱۔ تو نہ تصدیق کی اور نہ نماز پڑھی۔ O

۳۲۔ لیکن جھٹلایا اور باز رہا۔ O

۳۳۔ پھر گیا اپنے والوں کی طرف اکڑ رہا ہے۔ O

۳۴۔   تیرا برا ہو اب برا ہو۔ O

۳۵۔   پھر برا ہو، تو پھر برا ہو۔ O

۳۶۔   کیا خیال کر رہا ہے یہ انسان کہ چھوڑ دیا جائے گا بے کار؟ O

۳۷۔   کیا نہ تھا قطرہ منہ کا جو ٹپکایا جاتا ہے۔ O

۳۸۔   پھر ہوا لوتھڑا تو پیدا فرمایا، اب سڈول کیا۔ O

۳۹۔   پھر کر دیا اس سے جوڑے، مرد و عورت۔ O

۴۰۔   کیا نہیں ہے ایسا خالق قدرت والا اس پر کہ زندہ کر دے مردوں کو؟ O

۷۶۔ سورۃ الانسان

نام سے اللہ کے بڑا مہربان بخشنے والا O

۱۔ بیشک آچکا انسان پر ایسا وقت بھی زمانہ میں کہ نہ تھا کچھ قابل تذکرہ۔ O

۲۔ بیشک ہم نے پیدا فرمایا انسان کو ملے جلے قطرہ سے کہ آزمائیں اسے تو بنا دیا ہم نے اسے سننے والا دیکھنے والا۔ O

۳۔ بیشک ہم نے ہدایت کی اسے راستہ کی، کہ یا شکر گزار اور یا ناشکرا۔ O

۴. بیشک ہم نے تیار کر رکھا ہے کافروں کے لیے زنجیریں اور طوق اور بھڑکتی آگ۔ O

۵. بیشک ابرار کا طبقہ، یہ لوگ پیئیں گے اس جام سے، جس میں آمیزش کافور کی ہے۔ O

۶. ایک چشمہ ہے، پیتے رہیں گے اس میں اللہ کے بندے، بہا کر لے جائیں گے اپنے یہاں۔ O

۷. وہ پوری کریں منت کو، اور ڈرتے رہیں اس دن کو جس کی تباہی پھیل جانے والی ہے۔ O

۸. اور کھانا کھلائیں اس کی محبت پر مسکین اور یتیم اور قیدی کو۔ O

۹. کہ ہم کھلاتے ہیں تمہیں بس اللہ ہی کے لیے، ہم نہیں چاہتے تم سے کوئی معاوضہ اور نہ شکر گزاری کو۔ O

۱۰.　بیشک ہم ڈرتے ہیں اپنے رب سے اس دن کو، کہ تلخ اور نہایت سخت ہے۔ O

۱۱.　تو بچا لیا انہیں اللہ نے اس دن کی خرابی سے اور عطا کی انہیں ترو تازگی اور خوشی۔ O

۱۲.　اور ثواب دیا انہیں جو انہوں نے صبر کیا تھا، جنت اور ریشمی لباس کا۔ O

۱۳.　تکیہ لگائے اس میں تختوں پر، نہ دیکھیں گے اس میں دھوپ وار نہ کڑکڑاتی ٹھنڈ۔ O

۱۴.　اور جھکے ہوئے ان پر اس کے سائے اور نیچے کر دیے گئے اس کے خوشے بالکل۔ O

۱۵.　اور دور چلایا جائے گا ان پر چاندی کے برتن کا، اور جاموں کا، کہ ہوں گے شیشے۔ O

۱۶. شیشے بھی چاندی کے، جس کا اندازہ کر لیا انہوں نے خوب۔ O

۱۷. اور پلائے جائیں گے اس میں جام جس میں آمیزش ہے ادرک کی۔ O

۱۸. چشمہ ہے اسی جنت میں جس کا نام رکھا گیا سلسبیل۔ O

۱۹. اور دور چلائیں گے ان پر لڑکے، جو ہمیشہ رہنے والے ہیں، جہاں تم نے دیکھا انہیں، سمجھے ان کو کہ موتی ہیں بکھیرے ہوئے۔ O

۲۰. اور جہاں دیکھا تم نے وہاں، تو دیکھا آرام اور بڑے ملک کو۔ O

۲۱. ان کے بدن پر سبز ریشم کے کپڑے، اور دبیز ریشم اور پہنائے گئے ہیں کنگن چاندی کے۔ اور پلایا ان کو ان کے رب نے پاک صاف شراب۔ O

۲۲.   بیشک یہ ہے تمہارے ثواب اور تمہاری محنت مقبول ہوئی۔ O

۲۳.   بیش ہم نے اتارا تم پر قرآن کو بتدریج۔ O

۲۴.   تو انتظار رکھو اپنے رب کے حکم کا، اور نہ کہا مانو ان میں سے کسی گنہگار یا ناشکرے کا۔ O

۲۵.   اور یاد کرو اپنے رب کے نام کو صبح و شام۔ O

۲۶.   اور کچھ رات میں اس کا سجدہ کرو اور پاکی بولا اس کی زیادہ رات تک۔ O

۲۷.   بیشک یہ لوگ پسند کرتے ہیں جلدی والی دنیا کو اور چھوڑ بیٹھے ہیں اپنے پیچھے گراں بار دن کو۔ O

۲۸.   ہم نے پیدا فرمایا انہیں اور مضبوط کیا ان کے جوڑ بند کو۔ اور جب بھی چاہتے ہم بدل دیتے ان جیسوں کو۔ خوب۔ O

۲۹۔ بیشک یہ نصیحت ہے تو جس نے چاہا اختیار کیا اپنے رب کی طرف راہ کو۔ O

۳۰۔ اور تم لوگ کیا چاہو گے مگر یہ کہ اللہ چاہے۔ بیشک اللہ علم والا حکمت والا ہے۔ O

۳۱۔ داخل کرے جسے چاہے اپنی رحمت میں، اور ظالموں کے لیے تیار کر رکھا ہے دکھ والا عذاب۔ O

۷۷۔ سورۃ المرسلات

نام سے اللہ کے بڑا مہربان بخشنے والا O

۱.   قسم ہے ان کی جو چھوڑی جاتی ہیں خوب۔ O

۲.   پھر جھونکے دینے والی سخت۔ O

۳.   اور قسم ہے کو ب اٹھانے والی ہستیوں کی۔ O

۴.   پھر حق ناحق کو خوب جدا کرنے والی شخصیتوں کی۔ O

۵.   پھر ذکر کا القا کرنے والی ہستیوں کی۔ O

۶.   حیلہ ختم کرنے یا ڈرانے کو۔ O

۷. کہ جو وعدہ دیے جاتے ہو یقیناً ہو کر رہنے والا ہے۔ O

۸. تو جب تارے میٹ دیے گئے۔ O

۹. اور جب آسمان میں رخنہ ڈال دیا گیا۔ O

۱۰. اور جب پہاڑ پھونک اڑائے گئے۔ O

۱۱. اور جب رسولوں کا وقت آ گیا۔ O

۱۲. کس دن کے لیے ٹھہرائے گئے تھے؟ O

۱۳. فیصلہ کے دن کے لیے۔ O

۱۴. اور کیا اٹکل ہو تمہیں کہ کیا ہے فیصلہ کا دن؟ O

۱۵. ہلاکی ہے اس دن جھٹلانے والوں کی۔ O

۱۶. کیا نہیں برباد کر دیا ہم نے اگلوں کو۔ O

۱۷. پھر پیچھے لگا دیں گے ہم ان کے ان پچھلوں کو۔ O

۱۸. اسی طرح کرتے ہیں ہم مجرموں کے ساتھ۔ O

۱۹. ہلاکی ہے اس دن جھٹلانے والوں کی۔ O

۲۰. کیا نہیں پیدا فرمایا ہم نے تمہیں ایک بے قدر قطرہ سے ؟ O

۲۱. پھر کر دیا ہم نے اسے ایک محفوظ جگہ میں۔ O

۲۲. وقت معلوم تک۔ O

۲۳. تو اندازہ مقرر کیا ہم نے۔ تو کتنے اچھے ہم قادر ہیں۔ O

۲۴. ہلاکی ہے اس دن جھٹلانے والوں کی۔ O

۲۵. کیا نہیں بنایا ہم نے زمین کو سمیٹنے والی ؟ O

۲۶. زندوں اور مردوں کو۔ O

۲۷. اور کر دیا ہم نے اس میں پہاڑ اونچے اونچے، اور پلایا ہم نے تم لوگوں کو میٹھا پانی۔ O

۲۸. ہلاکی ہے اس دن جھٹلانے والوں کی۔ O

۲۹. چلو ادھر جسے جھٹلاتے تھے۔ O

۳۰. چل پڑو ایک سایہ کی طرف تین شاخوں والا۔ O

۳۱. نہ سایہ دار اور نہ بچا سکے لپٹ سے۔ O

۳۲. بیشک وہ جہنم پھینکتی ہے چنگاریاں جیسے بلند محل۔ O

۳۳. گویا وہ اونٹ ہیں زرد زرد۔ O

۳۴. ہلاکی ہے اس دن جھٹلانے والوں کی۔ O

۳۵. یہ دن ہے اس کا کہ بول نہ سکیں گے۔ O

۳۶. اور نہ اجازت دی جائے گی انہیں کہ بہانے تراشیں۔ O

۳۷. ہلاکی ہے اس دن جھٹلانے والوں کی۔ O

۳۸. یہ ہے فیصلہ کا دن، کہ اکٹھا کر دیا ہم نے تمہیں اور اگلوں کو۔ O

۳۹. تو اگر ہو تمہارا کوئی داؤں تو چلا لو مجھ پر۔ O

۴۰. ہلاکی ہے اس دن جھٹلانے والوں کی۔ O

۴۱. بیشک اللہ سے ڈرنے والے سایوں اور چشموں میں ہیں۔ O

۴۲. اور میوؤں میں جو چاہیں۔ O

۴۳. کہ کھاؤ اور پیو فراغت سے، ثواب اس کا جو کرتے تھے۔ O

۴۴. بیشک اسی طرح ثواب دیتے ہیں احسان والوں کو۔ O

۴۵. ہلاکی ہے اس دن جھٹلانے والوں کی۔ O

۴۶. یہاں کھالو اور رہ لو کچھ دن، بیشک تم لوگ مجرم ہو۔ O

۴۷. ہلاکی ہے اس دن جھٹلانے والوں کی۔ O

۴۸. اور جب حکم دیا گیا انہیں کہ رکوع والی عبادت کرو تو نہیں
کرتے۔ O

۴۹. ہلاکی ہے اس دن جھٹلانے والوں کی۔ O

۵۰. تو کس بات کو اس بعد مانیں گے؟ O

۷۸۔ سورۃ النبا

نام سے اللہ کے بڑا مہربان بخشنے والا ہے۔ O

۱. کس چیز کی پوچھ گچھ یہ لوگ کر رہے ہیں O

۲. اس بڑی خبر کی؟ O

۳. جس میں یہ لوگ طرح طرح کی رائے رکھنے والے ہیں۔ O

۴. وہ سب ہر گز نہیں، جلد ہی جان لیں گے۔ O

۵. پھر وہ سب ہر گز نہیں جلد ہی معلوم کر لیں گے۔ O

۶. کیا نہیں کر دیا ہم نے زمین کو بچھونا O

۷. اور پہاڑوں کو میخیں؟ O

۸. اور پیدا فرمایا ہم نے تم لوگوں کے جوڑے۔ O

۹. اور کر دیا ہم نے تمہاری نیند کو راحت۔ O

۱۰. اور بنا دیا ہم نے رات کو پردہ پوشی کے لیے۔ O

۱۱. اور بنا دیا ہم نے دن کو روزگار کے لیے۔ O

۱۲. اور گنبد چنے تمہارے اوپر سات مضبوط۔ O

۱۳. اور روشن کیا ایک چمکدار چراغ۔ O

۱۴. اور اتارا ہم نے نچوڑنے والی بدلیوں سے پانی کو زوردار۔ O

۱۵. تاکہ نکالیں اس کے سبب سے اناج اور سبزہ کو۔ O

۱۶. اور باغ گھنے۔ O

۱۷. بیشک فیصلہ کا دن وقت مقرر ہے۔ O

۱۸.	جس دن پھونکا جائے گا صور میں تو آؤ گے تم لوگ فوج فوج۔ O

۱۹.	اور کھول دیا گیا آسمان تو ہو گئے دروازے۔ O

۲۰.	اور چلائے گئے پہاڑ تو ہو گئے چمکتی ریت O

۲۱.	بیشک جہنم تاک میں ہے۔ O

۲۲.	سرکشوں کا ٹھکانہ۔ O

۲۳.	وہ رہنے والے ہیں اس میں بے انتہا مدتوں تک۔ O

۲۴.	نہ مزہ چکھیں گے اس میں ٹھنڈک کا اور نہ پینے کا۔ O

۲۵.	مگر کھولتا پانی اور پیپ۔ O

۲۶.	بدلہ موافق کرتوت کے۔ O

۲۷.	بیشک یہ لوگ نہیں مانتے تھے حساب کو۔ O

۲۸.	اور جھٹلاتے تھے ہماری آیتوں کو بے حد۔ O

۲۹.   اور ہر چیز کو شمار کر لیا تھا ہم نے لکھ کر۔ O

۳۰.   اب چکھو! کہ ہم نہ بڑھائیں گے تمہارے لیے مگر عذاب کو۔ O

۳۱.   بیشک اللہ سے ڈرنے کے لیے مقام کامیابی ہے۔ O

۳۲.   باغ اور انگور۔ O

۳۳.   اور دوشیزہ ہم سن۔ O

۳۴.   اور لبالب جام۔ O

۳۵.   نہ سنیں گے اس میں بیہودہ بات اور جھٹلانے کو O

۳۶.   ثواب تمہارے رب کی طرف سے، پوری پوری عطا O

۳۷.   آسمانوں اور زمین اور جو کچھ ان کے درمیان ہے سب کا رب اللہ مہربان، نہ اختیار رکھیں گے اس سے بولنے کا۔ O

۳۸۔ جس دن کہ کھڑے ہوں گے روح الامین اور سب فرشتے صف باندھ کر، نہ بولیں گے مگر وہ جسے اجازت دے چکا اللہ مہربان، اور وہ بولتا رہا ٹھیک بولی۔ O

۳۹۔ وہ ہے روز حق، تو جس نے چاہا بنا لیا اپنے رب کی طرف ٹھکانہ۔ O

۴۰۔ بیشک ہم نے ڈرا دیا تمہیں اس عذاب سے جو نزدیک ہے جس دن کہ دیکھ لے گا آدمی جو کچھ پہلے بھیجا اس کے ہاتھوں نے اور کہے گا کافر کہ اے کاش! میں ہو جاتا مٹی۔ O

۷۹۔ سورۃ النازعات

نام سے اللہ کے بڑا مہربان بخشنے والا O

١. قسم ہے ان ہستیوں کی جو کھینچ لینے والی ہیں کافروں کی ڈوبی جان کو۔ O

٢. اور آسانی سے بند کھولنے والی ہیں مسلمانوں کی۔ O

٣. اور تیر کر چلنے والی ہیں چال میں۔ O

٤. پھر آگے بڑھ بڑھ جانی والی ہیں جلد۔ O

٥. پھر تدبیر کرنے والی ہیں کام کی۔ O

۶. جس دن تھر تھرا دے گی تھر تھرانے والی۔ O

۷. اس کے پیچھے آئے گی پیچھے آنے والی۔ O

۸. کتنے دل اس دن دھڑ کنے والے ہیں۔ O

۹. ان کی آنکھیں جھکی ہیں۔ O

۱۰. یہ لوگ کہتے ہیں کہ کیا ہم واقعی واپس کیے جائیں گے پہلی حالت میں۔ O

۱۱. کیا جب ہو گئے ہم ہڈیاں گلی ہوئی۔ O

۱۲. بولے کہ یہ تو ایسا پلٹنا بڑا نقصان ہے۔ O

۱۳. تو وہ بس ایک ڈانٹ ہے۔ O

۱۴. کہ اسی وقت وہ لوگ میدان میں ہیں۔ O

۱۵. کیا آیا تمہارے پاس موسیٰ کا واقعہ۔ O

۱۶. جبکہ ندا دی ان کو ان کے رب نے وادی مقدس طوی نام

میں۔ O

۱۷. کہ جاؤ فرعون کی طرف کہ بیشک وہ سرکش ہوگیا ہے۔ O

۱۸. پھر کہو کہ کیا تو چاہتا ہے کہ پاکیزہ ہو جائے؟ O

۱۹. اور میں ہدایت کروں تیری تیرے رب کی طرف کہ تو ڈرنے

لگے۔ O

۲۰. پھر دکھائی اسے بڑی نشانی۔ O

۲۱. تو جھٹلا دیا اس نے اور نافرمانی کی۔ O

۲۲. پھر پیٹھ پھیر لیا، اپنی کوشش کر رہا ہے۔ O

۲۳. چنانچہ ہانک لایا سب کو۔ O

۲۴. پھر پکارنے لگا، تو بولا کہ میں ہوں تمہارا سب سے بلند و بالا

رب۔ O

۲۵. تو گرفتار کیا اس کو اللہ نے آخرت اور دنیا کے عذاب میں۔ O

۲۶. بیشک اس میں یقیناً سبق ہے اس کے لیے جو ڈرے۔ O

۲۷. کیا تم لوگ زیادہ مضبوط پیدائش میں، یا آسمان جیسے گنبد بنایا اس نے؟ O

۲۸. بلند فرمایا اس کی چھت کو، پھر سڈول کیا اسے۔ O

۲۹. اور اندھیرا چھا دیا اس کی رات پر اور بر آمد کیا اس کے روشن دن کو۔ O

۳۰. اور زمین کو اس کے بعد بچھا دیا۔ O

۳۱. بر آمد کیا اس سے اس کے پانی اور اس کے چارے کو۔ O

۳۲. اور پہاڑوں کو گاڑ دیا۔ O

۳۳. پونجی تمہارے لیے اور تمہارے چوپایوں کے لیے۔ O

۳۴. تو جہاں آگئی وہ بڑی مصیبت۔ O

۳۵. جس دن یاد کرے گا انسان جس کی کوشش کرتا رہا۔ O

۳۶. اور ظاہر کر دی گئی دوزخ ہر اس کے لیے جو دیکھے۔ O

۳۷. تو جس نے سرکشی کی تھی۔ O

۳۸. اور اختیار کیا تھا دنیاوی زندگی کو۔ O

۳۹. تو بیشک جہنم ہی اس کا ٹھکانہ ہے۔ O

۴۰. لیکن جو ڈرا کیا اپنے رب کے سامنے کھڑے ہونے کو اور روکا کیا نفس کو ہوائے نفس سے۔ O

۴۱. تو بلا شبہ جنت ہی اس کا ٹھکانہ ہے۔ O

۴۲. پوچھتے ہیں تم سے قیامت کے بارے میں کہ کب ہے اس کا کھڑا ہونا؟ O

۴۳. کیا غرض تمہیں اس کے بتانے سے۔ O

۴۴. تمہارے رب کی طرف اس کا انجام کار۔ O

۴۵. تم ڈر سنا دینے والے ہی ہو، جو اسے ڈرے۔ O

۴۶. گویا وہ لوگ جس دن دیکھیں گے اسے تو نہیں ٹھہرے تھے دنیا میں مگر ایک شام، یا اس کے دن چڑھے تک۔ O

۸۰۔ سورۃ عبس

نام سے اللہ کے بڑا مہربان بخشنے والا ہے O

۱۔ تیوری چڑھائی اور رخ پھیر لیا۔ O

۲۔ کہ آگیا ان کے پاس ایک نابینا۔ O

۳۔ اور تمہیں کیا اٹکل کہ وہی پاکیزہ ہو جائے۔ O

۴۔ یا نصیحت لے تو فائدہ دے اسے نصیحت۔ O

۵۔ لیکن جس نے بے پرواہی برتی۔ O

۶۔ تو تم اس کے لیے متوجہ ہوئے۔ O

۷. حالانکہ تمہارا کوئی نقصان نہیں اس میں کہ وہ پاکیزہ نہ بنے۔ O

۸. لیکن جو آیا تمہارے پاس دوڑتا ہوا۔ O

۹. اور وہ ڈر رہا ہے۔ O

۱۰. تو تم اس کو ٹال کر اوروں سے مصروف رہے۔ O

۱۱. ایسا ہرگز نہ ہو، بیشک یہ آیتیں نصیحت ہیں۔ O

۱۲. تو جس نے چاہا اس نے نصیحت پائی۔ O

۱۳. صحیفوں میں جو باعزت۔ O

۱۴. بلند رتبہ نہایت پاک ہیں۔ O

۱۵. ہاتھوں سے لکھے۔ O

۱۶. بزرگ نیک لکھنے والوں کے۔ O

۱۷. غارت ہو ایسا آدمی، کتنا بڑا ناشکرا ہے۔ O

١٨. کس چیز سے پیدا فرمایا اسے۔ O

١٩. ایک قطرہ سے پیدا فرمایا اسے، پھر اندازہ کے موافق بنایا۔ O

٢٠. پھر راہ کو آسان کر دیا اسے۔ O

٢١. پھر موت دی اس کو، پھر قبر پہنچایا اسے۔ O

٢٢. پھر جب مشیت ہوئی تو اٹھایا اس کو۔ O

٢٣. ہرگز نہ ہوا کہ پورا کر دے جس کا حکم ہوا اسے۔ O

٢٤. تو انسان کو چاہیے کہ اپنی غذا کی طرف نظر کرے۔ O

٢٥. کہ بیشک ہم نے ڈالا پانی کو خوب۔ O

٢٦. پھر ہم نے شق کیا زمین کو اچھی طرح۔ O

٢٧. پھر ہم نے اگایا اس میں دانہ۔ O

٢٨. اور انگور اور سبزیاں۔ O

٢٩. اور زیتون اور کھجور۔ O

۳۰. اور گنجان باغ O

۳۱. اور میوہ اور گھاس۔ O

۳۲. فائدے کو تمہارے اور تمہارے چوپایوں کے۔ O

۳۳. تو جب آ پہنچی کان پھوڑ دینے والی چنگھاڑ۔ O

۳۴. جس دن کہ بھاگے گا آدمی اپنے بھائی سے۔ O

۳۵. اور اپنی ماں سے اور اپنے باپ سے۔ O

۳۶. اور اپنی بیوی سے اور اپنے بیٹوں سے۔ O

۳۷. ہر ایک آدمی کو ان میں سے اس دن ایک حال ہے، جو بس ہے اس کے لیے۔ O

۳۸. کتنے چہرے اس دن روشن۔ O

۳۹. ہنستے ہوئے خوش خوش ہیں۔ O

۴۰. اور کچھ منہ اس دن ہیں جن پر گرد و غبار ہے۔ O

۴۱. چڑھ رہی ہے ان پر سیاہی۔ O

۴۲. وہی ہیں کافر بدکار۔ O

۸۱۔ سورۃ التکویر

نام سے اللہ کے بڑا مہربان بخشنے والا O

۱.   جب سورج لپیٹ دیا گیا۔ O

۲.   اور جب تارے جھڑ گئے۔ O

۳.   اور جب پہاڑ چلائے گئے۔ O

۴.   اور جب دس مہینہ کی گابھن اونٹنیاں آزاد چھوڑ دی گئیں۔ O

۵.   اور جبکہ وحشی جانور اکٹھا کیے گئے۔ O

۶.	اور جب سمندر بھڑکایا گیا۔ O

۷.	اور جب جانیں جوڑی گئیں۔ O

۸.	اور جب زندہ در گور لڑکی پوچھی گئی۔ O

۹.	کہ کس گناہ میں قتل کی گئی ہے؟ O

۱۰.	اور جب اعمال نامے کھول دیئے گئے۔ O

۱۱.	اور جب آسمان کی کھال کھینچی گئی۔ O

۱۲.	اور جب جہنم بھڑکائی گئی۔ O

۱۳.	اور جب جنت نزدیک کی گئی۔ O

۱۴.	تو جان لیا ہر ایک نے جو کچھ حاضر کر چکا ہے۔ O

۱۵.	تو نہیں کیا مجھے قسم ہے الٹے پھرنے والے۔ O

۱۶.	سیدھی چال والے، رک جانے والے ستاروں کی۔ O

۱۷.	اور قسم ہے رات کی جب رخصت ہو۔ O

۱۸. اور قسم ہے صبح کی جب وہ سانس لے۔ O

۱۹. کہ بلاشبہ یہ یقیناً لایا ہوا پیغام ہے باعزت قاصد کا۔ O

۲۰. قوت والا عرش والے کہ یہاں، معزز۔ O

۲۱. اس کا کہا مانا جائے ہے، وہاں امانتدار۔ O

۲۲. اور نہیں ہیں تمہارے ساتھ رہنے والے مالک مجنون۔ O

۲۳. اور یقیناً بیشک دیکھ چکے ہیں انہیں صاف کنارہ پر۔ O

۲۴. اور نہیں ہیں وہ غیب بتانے میں بخیل۔ O

۲۵. اور نہیں ہے وہ بولی شیطان مردود کی۔ O

۲۶. تو کہاں تم لوگ جا رہے ہو؟ O

۲۷. وہ بس نصیحت ہے سارے جہان کے لیے۔ O

۲۸. جس نے چاہا تم میں سے کہ سیدھی چال چلتا رہے۔ O

۲۹. اور کیا چاہو گے تم، مگر یہ کہ چاہے اللہ رب العالمین۔ O

۸۲۔ سورۃ الاِنفطار

نام سے اللہ کے بڑا مہربان بخشنے والا O

۱. جب آسمان پھٹ پڑے۔ O

۲. اور جب تارے جھڑ گئے۔ O

۳. اور جب سارے دریا بہا دیے گئے۔ O

۴. اور جب قبریں اکھیڑ دی گئیں۔ O

۵. تو جان لیا ہر ایک نے جو آگے بھیجا اور جو پیچھے کیا۔ O

٦۔ اے انسان! کس چیز نے دھوکہ دیا تجھے؟ اپنے کرم والے رب سے۔ O

٧۔ جس نے پیدا فرمایا تجھے تو سڈول بنایا تجھ کو، پھر اعتدال پر لایا تجھ کو۔ O

٨۔ جس صورت میں چاہا تیری ترکیب فرمائی۔ O

٩۔ ہرگز نہ ہونا چاہیے تھا بلکہ تم جھٹلاتے ہو انصاف ہونے کو۔ O

١٠۔ اور بیشک تم پر یقیناً نگراں ہیں۔ O

١١۔ معزز لکھنے والے۔ O

١٢۔ وہ جانتے ہیں جو کرتے ہو۔ O

١٣۔ بیشک ابرار لوگ راحت میں ہیں۔ O

١٤۔ اور بدکار لوگ یقیناً جہنم میں ہیں۔ O

۱۵. جائیں گے اس میں روز جزا۔ O

۱۶. اور نہیں ہیں وہ اس سے غائب ہو سکنے والے۔ O

۱۷. اور کیا اٹکل تمہیں کہ کیا ہے روز جزا؟ O

۱۸. پھر کیا اٹکل تمہیں کہ کیا ہے روز جزا؟ O

۱۹. جس دن کہ نہ اختیار رکھے گا کوئی نا کس کسی نا کس کا کچھ، اور حکم اس دن اللہ کا ہے۔ O

۸۳۔ سورۃ المطففین

نام سے اللہ کے بڑا مہربان بخشنے والا 0

۱۔ تباہی ہے کم تولنے والوں کی۔ 0

۲۔ کہ جب ناپ کر لیا اوروں سے تو پورا لیں۔ 0

۳۔ اور جب ناپا ان کے لیے یا تولا ان کے لیے تو کمی کریں۔ 0

۴۔ کیا نہیں مانتے یہ لوگ کہ بیشک وہ اٹھائے جانے والے ہیں۔ 0

۵۔ ایک بڑے دن کے لیے 0

۶.	جس دن کہ کھڑے ہوں گے لوگ رب العالمین کے لئے۔ O

۷.	کیوں نہیں بیشک بدکاروں کا نامہ اعمال یقیناً سجین میں ہے۔ O

۸.	اور کیا اٹکل تمہیں کہ سجین کیسی ہے؟ O

۹.	وہ ایک نوشتہ درج کیا ہوا۔ O

۱۰.	ہلاکی ہے اس دن جھٹلانے والوں کی۔ O

۱۱.	جو جھٹلائیں روزجزا کو۔ O

۱۲.	اور نہیں جھٹلاتا اسے، مگر ہر سرکش گنہگار۔ O

۱۳.	جب تلاوت کی گئیں اس پر ہماری آیتیں بولا کہ اگلوں کی کہانیاں ہیں۔ O

۱۴۔   ہرگز نہیں۔ بلکہ چڑھا دیا ان کے دلوں پر اس نے جو کر توت کماتے تھے۔ O

۱۵۔   ہرگز نہیں۔ بلاشبہ وہ لوگ اپنے رب سے اس دن محجوب رہنے والے ہیں۔ O

۱۶۔   پھر بلاشبہ وہ یقیناً جہنم میں جانے والے ہیں۔ O

۱۷۔   پھر کہا جائے گا کہ یہ ہے وہ جسے تم جھٹلاتے تھے۔ O

۱۸۔   کیوں نہیں! بیشک نیکوں کے نامہ اعمال یقیناً علیین میں ہیں۔ O

۱۹۔   اور کیا اٹکل تمہیں کہ کیا ہے علیین؟ O

۲۰۔   ایک نوشتہ درج کیا ہوا۔ O

۲۱۔   جس کو دیکھا کرتے ہیں اللہ کے نزدیکی لوگ۔ O

۲۲۔   بیشک نیکوکار یقیناً راحت میں ہیں۔ O

۲۳۔ تختوں پر بیٹھے دیکھ رہے ہیں۔ O

۲۴۔ پہچان لو گے ان کے چہروں میں، راحت کی شادابی۔ O

۲۵۔ پلائے جائیں گے خالص شراب مہر کی ہوئی۔ O

۲۶۔ اس کی مہر اس کی مشک ہے، اور اسی کے بارے میں للچائیں، للچانے والے۔ O

۲۷۔ اور اس کی آمیزش تسنیم سے ہے۔ O

۲۸۔ ایک چشمہ جس سے پیتے ہیں اللہ کے نزدیکی والے۔ O

۲۹۔ بیشک جنہوں نے جرم کیا وہ مسلمانوں سے ہنسا کرتے تھے۔ O

۳۰۔ اور جب وہ مسلمان گزرتے ان کے پاس، تو آنکھ مارتے تھے۔ O

۳۱۔ اور جب لوٹتے اپنوں کی طرف تو لوٹتے کھلکھلاتے۔ O

۳۲. اور جب دیکھتے ان مسلمانوں کو تو کہتے کہ یہ لوگ یقیناً گمراہ ہیں۔ O

۳۳. حالانکہ وہ نہیں بھیجے گئے ان پر نگراں۔ O

۳۴. تو آج کے دن مسلمان کافروں سے ہنس رہے ہیں۔ O

۳۵. اپنے تختوں پر بیٹھے دیکھ رہے ہیں۔ O

۳۶. کیوں کچھ بدلہ دیا گیا کافروں کو، جو کچھ وہ کیا کرتے تھے۔ O

۸۴۔ سورۃ الانشقاق

نام سے اللہ کے بڑا مہربان بخشنے والا O

۱. جب آسمان پھٹ گیا۔ O

۲. اور اپنے رب کے حکم کی تعمیل کی اور اسے یہی زیبا ہے۔ O

۳. اور جب زمین بڑھائی گئی۔ O

۴. اور ڈال دیا جو کچھ اس میں ہے اور خالی ہو گئی۔ O

۵. اور اپنے رب کے حکم کی تعمیل کی ہے، اور اسے یہی چاہیے۔ O

٦. اے انسان بیشک تو بھی جانے والا ہے اپنے رب کی طرف دوڑ کر، پھر ملنے والا ہے اس سے۔ O

۷. تو جسے دیا گیا اس کا نامہ اعمال اس کے داہنے ہاتھ میں۔ O

۸. تو جلد حساب کیا جائے گا برائے نام حساب۔ O

۹. اور لوٹے گا اپنے یگانوں کی طرف خوش۔ O

۱۰. اور رہا وہ جسے دیا گیا اس کا نامہ اعمال اس کے پیٹھ کے پیچھے سے۔ O

۱۱. تو جلد مانگے گا موت کو۔ O

۱۲. اور جائے گا دہکتی آگ میں۔ O

۱۳. بیشک یہ تھا اپنے والوں میں خوش۔ O

۱۴. بیشک اس نے سمجھا تھا کہ ہر گز واپس نہ ہو گا۔ O

۱۵. کیوں نہیں! بیشک اس کا رب اس کا نگراں رہتا تھا۔ O

۱۶. تو نہیں کیا مجھے قسم ہے شام کی روشنی کی۔ O

۱۷. اور قسم ہے رات کی اور جو وہ اکٹھا کرے۔ O

۱۸. اور قسم ہے چاند کی جب وہ پو کو زوچکا۔ O

۱۹. کہ ضرور چڑھو گے ایک مقام سے دوسرے مقام کو۔ O

۲۰. تو کیا ہوا انہیں کہ نہیں مانتے؟ O

۲۱. اور جب پڑھا جائے ان پر قرآن تو سجدہ نہیں کرتے۔ O

۲۲. بلکہ جنہوں نے کفر کیا وہ جھٹلاتے رہتے ہیں۔ O

۲۳. اور اللہ خوب جانتا ہے جو دل میں رکھتے ہیں۔ O

۲۴. تو خبر دے دو انہیں دکھ والے عذاب کی۔ O

۲۵. مگر جو مان گئے اور لیاقت مندی کی انہیں کے لیے بیحد ثواب ہے۔ O

۸۵۔ سورۃ البروج

نام سے اللہ کے بڑا مہربان بخشنے والاO

۱. قسم ہے برجوں والے آسمان کی۔ O

۲. اور وعدہ دیے ہوئے دن کی۔ O

۳. اور اس دن کو جو گواہی دینے والا اور عام حاضری کا ہے۔ O

۴. کہ غارت کر دیے گئے کھائیوں والے۔ O

۵. ایندھنوں والی آگ والے۔ O

۶. جبکہ وہ لوگ اس پر بیٹھے ہوئے تھے۔ O

۷۔ اور وہ جو اس کام پر جو کرتے مسلمانوں کے ساتھ، گواہ تھے۔ O

۸۔ اور نہیں انہیں ناگواری تھی ان سے مگر یہ کہ مان گئے تھے عزت وال حمد والے اللہ کو۔ O

۹۔ وہ جس کی شاہی ہے آسمانوں اور زمین میں۔ اور اللہ ہر ایک کا گواہ ہے۔ O

۱۰۔ بیشک جنہوں نے دکھ دیا مسلمان مردوں اور عورتوں کو پھر توبہ نہ کی، تو ان کے لیے جہنم کا عذاب ہے اور ان کے لیے آگ کا دکھ ہے۔ O

۱۱۔ بیشک جو ایمان لائے اور نیکیاں کیں، ان کے لیے باغ ہیں، بہتی ہیں جن کے نیچے نہریں، یہی بڑی کامیابی ہے۔ O

۱۲۔ بیشک تمہارے رب کی پکڑ یقیناً سخت ہے۔ O

۱۳. بیشک وہ پہلے پیدا کرے اور وہی دوبارہ کرے۔ O

۱۴. اور وہی مغفرت فرمانے والا بڑا پیار والا۔ O

۱۵. عرش مجید والا ہے۔ O

۱۶. کر گزرنے والا جو چاہے۔ O

۱۷. کیا آئی تمہارے پاس لشکروں کی بات؟ O

۱۸. فرعون و ثمود کی۔ O

۱۹. بلکہ کافر لوگ جھٹلانے میں ہیں۔ O

۲۰. اور اللہ انہیں ان کے ادھر ادھر سے گھیرے میں رکھنے والا ہے۔ O

۲۱. بلکہ وہ قرآن مجید ہے۔ O

۲۲. لوح محفوظ میں۔ O

۸۶۔ سورۃ الطارق

نام سے اللہ کے بڑا مہربان بخشنے والا O

۱. قسم ہے آسمان کی اور رات کو آنے والے کی۔ O

۲. اور کیا اٹکل تمہیں کہ کیا ہے، رات کو آنے والا۔ O

۳. ستارہ ہے چمکدار۔ O

۴. کوئی جان نہیں مگر اس پر ایک نگہبان ہے۔ O

۵. تو چاہیے کہ انسان نظر کرے، کہ کس چیز سے پیدا کیا گیا

ہے؟ O

۶. پیدا کیا گیا ہے اچھلتے پانی سے۔ O

۷. جو نکلتا ہے پیٹھ سے اور سینوں سے۔ O

۸. بیشک وہ اس کے واپس لانے پر یقیناً قادر ہے۔ O

۹. جس دن کہ جانچے جائیں گے سارے چھپے ڈھکے۔ O

۱۰. تو نہیں اسے کوئی زور اور نہ مددگار۔ O

۱۱. قسم ہے بارش والے آسمان کی۔ O

۱۲. اور پھٹنے والی زمین کی۔ O

۱۳. بیشک یقیناً یہ قول فیصل ہے۔ O

۱۴. اور نہیں ہے ہنسی کی بات۔ O

۱۵. بیشک وہ داؤں کرتے ہیں خوب۔ O

۱۶. اور میں جواب دیتا ہوں داؤں کا۔ O

۱۷. توڈھیل دے دو ابھی کافروں کو، اور مہلت دے دو تھوڑی سی۔ O

۸۷۔ سورۃ الأعلیٰ

نام سے اللہ کے بڑا مہربان بخشنے والا۔ O

۱. پاکی بولا اپنے بلند و بالا رب کے نام کی۔ O

۲. جس نے پیدا فرمایا تو درست فرمایا O

۳. اور جس نے اندازہ پر رکھا پھر راہ دی۔ O

۴. اور جس نے نکالا چارا۔ O

۵. پھر کر دیا اسے خشک کالا۔ O

۶. اب پڑھایا کریں گے ہم تو نہ بھولو گے۔ O

۷۔ الا ما شاء اللہ بیشک وہ جانتا ہے ہر ظاہر کو اور جو چھپے اس کو۔ O

۸۔ اور آسان کر دیں گے ہم تم پر اس آسانی کو۔ O

۹۔ تو نصیحت کرتے رہو اگر نفع دے نصیحت۔ O

۱۰۔ عنقریب نصیحت حاصل کرے گا جو ڈرتا ہے۔ O

۱۱۔ اور بھاگے گا اس سے بڑا بد بخت۔ O

۱۲۔ جو جائے گا بڑی آگ میں۔ O

۱۳۔ پھر نہ مرے گا اس میں اور نہ جیے گا۔ O

۱۴۔ بیشک کامیاب ہوا جو پاکیزہ ہوا۔ O

۱۵۔ اور یاد کیا اپنے رب کے نام کو، پھر نماز پڑھی۔ O

۱۶۔ بلکہ اختیار کرتے ہو تم دنیاوی زندگی کو۔ O

۱۷۔ حالانکہ آخرت بہتر اور ہمیشہ رہنے والی ہے۔ O

۱۸۔ بیشک یہ یقیناً اگلے صحیفوں میں ہے۔ O

۱۹۔ ابراہیم و موسیٰ کے صحیفوں میں۔ O

۸۸۔ سورۃ الغاشیۃ

نام سے اللہ کے بڑا مہربان بخشنے والا ہے۔ O

۱۔ کیا آئی تمہارے پاس چھا جانے والی آفت کی بات؟ O

۲۔ کتنے چہرے اس دن سر نگوں ہیں۔ O

۳۔ جھیلنے والے مشقت میں پڑے۔ O

۴۔ جائیں گے وہ جلتی آگ میں۔ O

۵۔ پلائے جائیں گے کھولتے چشمہ سے۔ O

۶۔ نہیں ہے ان کی کوئی غذا، مگر ضریع نام کا کانٹا۔ O

۷. جو نہ فربہی دے اور نہ کام آئے بھوک کے۔ O

۸. کتنے چہرے اس دن راحت والے۔ O

۹. اپنی کوشش سے خوش۔ O

۱۰. اونچے باغ میں ہیں۔ O

۱۱. کہ نہ سنیں گے اس میں کوئی بے ہودہ بات۔ O

۱۲. اس میں بہتی نہر ہے۔ O

۱۳. اس میں اونچے اونچے تخت ہیں۔ O

۱۴. اور باقاعدہ رکھے ہوئے کوزے۔ O

۱۵. اور لگے ہوئے گدے۔ O

۱۶. اور بچھائی ہوئی چاندنیاں۔ O

۱۷. تو کیا نہیں دیکھتے یہ لوگ اونٹ کی طرف، کہ کس طرح پیدا کیا گیا ہے۔ O

۱۸۔ اور آسمان کی طرف کہ کیسا بلند کیا گیا۔ O

۱۹۔ اور پہاڑوں کی طرف کہ کیسے گاڑ دیے گئے۔ O

۲۰۔ اور زمین کی طرف کہ کیسی بچھا دی گئی۔ O

۲۱۔ تو نصیحت سنایا کرو تم بس نصیحت سنانے کے ذمہ دار ہو۔ O

۲۲۔ ابھی نہیں ہو تم ان پر جواب دہ، داروغہ۔ O

۲۳۔ مگر جس نے بے رخی کی اور کفر کیا۔ O

۲۴۔ تو دے گا اسے اللہ بڑا عذاب۔ O

۲۵۔ بیشک ہمارے طرف ان کی واپسی ہے۔ O

۲۶۔ پھر بیشک ہمیں پر ان کا حساب لینا ہے۔ O

۸۹۔ سورۃ الفجر

نام سے اللہ کے بڑا مہربان بخشنے والا O

۱۔ قسم ہے وقت فجر کی۔ O

۲۔ اور دسوں رات کی۔ O

۳۔ اور جفت و طاق کی۔ O

۴۔ اور رات کی جب وہ چلے O

۵۔ کیا اس میں مناسب قسم ہو گئی عقل والوں کے لیے؟ O

۶. کیا تم دیکھ نہیں چکے کہ کیسا کیا تمہارے رب نے عاد کے ساتھ؟ O

۷. ارم نام والے ستون جیسے لمبے قد کے۔ O

۸. کہ نہیں پیدا کیا گیا اس طرح کوئی شہروں میں۔ O

۹. اور ثمود کے ساتھ جنہوں نے کاٹا چٹانوں کو وادی میں۔ O

۱۰. اور فرعون کے ساتھ، جو میخا کرنے والا۔ O

۱۱. جنہوں نے سرکشی کی تھی شہروں میں۔ O

۱۲. تو بہت زیادہ فساد مچایا ان میں۔ O

۱۳. تو نازل کیا ان پر تمہارے رب نے عذاب کا کوڑا۔ O

۱۴. بیشک تمہارا رب یقیناً ان کی نگرانی کرتا رہتا ہے۔ O

۱۵۔ لیکن انسان، تو جب آزمائش کی اس کی اس کے رب نے کہ عزت دی اسے اور نعمت سے نوازا تو کہتا ہے کہ میرے رب نے مجھے باعزت کیا۔ O

۱۶۔ لیکن جب آزمائش میں ڈالا کہ تنگ کر دی اس پر اس کی روزی کو، تو کہتا ہے کہ میرے رب نے مجھے ذلت دی۔ O

۱۷۔ ہر گز نہیں بلکہ تم خود ہی نہیں عزت کرتے یتیم کی۔ O

۱۸۔ اور نہ شوق دلاؤ مسکین کو کھلانے کا۔ O

۱۹۔ اور نگل جاتے ہو ترکوں کو ہڑپ کر O

۲۰۔ اور محبت کرتے ہو مال کی، بیحد محبت O

۲۱۔ کیوں نہیں جب کر دی جائے گی زمین ریزہ ریزہ O

۲۲۔ اور آ گیا تمہارے رب کا حکم اور فرشتے صف بہ صف۔ O

۲۳۔ اور لائی گئی اس دن جہنم اس دن سمجھے گا انسان اور اب کہاں کا سمجھنا۔ O

۲۴۔ کہے گا کہ اے کاش! میں نے بھیج ہوتا کچھ اپنی اس زندگی کے لیے۔ O

۲۵۔ تو اس دن نہ عذاب دے سکتا اس کی طرح سے کوئی۔ O

۲۶۔ اور نہ جکڑ سکتا اس کی طرح کوئی۔ O

۲۷۔ اے اطمینان والی جان O

۲۸۔ واپس جا اپنے رب کی طرف خوش پسندیدہ۔ O

۲۹۔ تو داخل ہو جا میرے بندوں میں O

۳۰۔ اور چلی جا جنت میں O

۹۰۔ سورۃ البلد

نام سے اللہ کے بڑا مہربان بخشنے والا O

۱۔ نہیں کیا مجھے قسم ہے اس شہر کی O

۲۔ کہ تم چلنے پھرنے والے ہو اس شہر میں O

۳۔ اور قسم ہے باپ کی اور اس کی اولاد کی ۔ O

۴۔ یقیناً بلا شبہ پیدا فرمایا ہم نے انسان کو مشقت میں رہنے کو ۔ O

۵۔ کیا وہ سمجھتا ہے کہ نہ قدرت رکھے گا اس پر کوئی ۔ O

۶. کہتا ہے کہ میں خرچ کر ڈالا مال ڈھیر کا ڈھیر۔ O

۷. کیا وہ سمجھتا ہے کہ نہیں دیکھا اسے کسی نے O

۸. کیا نہیں بنایا ہم نے اس کی دو آنکھیں O

۹. اور زبان اور دو ہونٹ O

۱۰. اور بتا دی ہم نے اسے دو ابھری راہیں O

۱۱. تو نہ کود پڑا اس گھاٹی میں O

۱۲. اور تمہیں کیا اٹکل کہ گھاٹی کیا ہے؟ O

۱۳. گردن کو آزاد کرانا O

۱۴. اور کھانا کھلانا فاقہ والے دن میں O

۱۵. کسی یتیم رشتہ دار کو O

۱۶. یا مسکین خاک نشین کو O

۱۷۔ پھر وہ ہوا ان میں سے جو ایمان لائے اور وصیت کرتے رہے صبر کی، اور وصیت کرتے رہے رحم کھانے کی۔ O

۱۸۔ وہی ہیں داہنے والے O

۱۹۔ اور جنہوں نے انکار کر دیا ہماری آیتوں کا وہ بائیں والے ہیں O

۲۰۔ ان پر آگ ہے بند کی ہوئی۔ O

۹۱۔ سورۃ الشمس

نام سے اللہ کے بڑا مہربان بخشنے والا O

١. قسم ہے سورج کی اور اس کی روشنی کی O

٢. اور چاند کی پیچھے نکلے اس کے۔ O

٣. اور دن کی جب نمایاں کر دے اس کو O

٤. اور رات کی جب ڈھانپ لے اس کو O

٥. اور آسمان کی اور اس کی جس نے بنایا اسے۔ O

٦. اور زمین کی اور اس کی جس نے اسے پھیلا دیا۔ O

۷. اور جان کی اور جس نے اسے درست فرمایا۔ O

۸. تو جی میں ڈال دی اس کی بدکاری اور پرہیزگاری کو O

۹. کہ بیشک کامیابی حاصل کرلی جس نے اس کو پاک کرلیا۔ O

۱۰. اور بیشک ناکام رہا جس نے گناہوں میں دبا دیا اسے۔ O

۱۱. جھٹلایا ثمود نے اپنی سرکشی سے O

۱۲. جبکہ اٹھ پڑا تھا ان کا نہایت بدبخت O

۱۳. تو بتایا انہیں اللہ کے رسول نے کہ خیال رکھو اللہ کی اونٹنی اور اس کے پینے کی باری کو O

۱۴. جھٹلایا تھا ان سب نے انہیں چنانچہ کوچیں کاٹ ڈالیں اس کی، تو بربادی ڈالی ان پر ان کے رب نے ان کے گناہوں کے سبب، تو زمین برابر کردیا اسے۔ O

۱۵. اور نہیں خوف اسے اس کے پیچھا کرنے کا۔ O

۹۲۔ سورۃ الليل

نام سے اللہ کے بڑا مہربان بخشنے والا O

۱. قسم ہے رات کی جبکہ ڈھانپ لے O

۲. اور دن کی جب روشن ہو O

۳. اور اس کی جس نے پیدا فرمایا نر و مادہ کو O

۴. کہ بلاشبہ تم لوگوں کی کوشش مختلف ہے ۔ O

۵. تو جس نے بخشش کی اور اللہ سے ڈرتا رہا O

۶. اور تصدیق کردی بڑی اچھی تعلیم کی ۔ O

۷.   تو جلد ہم سامان کر دیں گے اس کی آسانی کا O

۸.   اور رہے وہ جنہوں نے کنجوسی کی اور بے پرواہی برتی O

۹.   اور جھٹلایا نہایت اچھی تعلیم کو O

۱۰.   تو ہم سامان کر دیں گے اس کی دشواری کا O

۱۱.   اور نہ کام آئے گا اس کے اس کا مال جب ہلاکت میں پڑ چکا O

۱۲.   بیشک ہم پر یقیناً ہے ہدایت فرمانا O

۱۳.   اور بیشک ہماری ہی یقیناً ہے آخرت اور دنیا O

۱۴.   تو میں ڈرا چکا تمہیں اس آگ سے جو بھڑک چکی O

۱۵.   نہ رہے گا اس میں مگر نہایت بدبخت O

۱۶.   جس نے جھٹلایا اور پیٹھ پھیری O

۱۷۔ اور جلد ہی دور رکھا جائے گا اس سے سب سے بڑا تقویٰ والا O

۱۸۔ جو دیتا ہے اپنا مال کہ خود پاکیزہ ہو جائے O

۱۹۔ اور نہیں ہے کسی کا اس کے پاس کوئی احسان، کہ بدلہ دیا جائے O

۲۰۔ مگر اپنے بلند و بالا رب کی مرضی کو چاہنا O

۲۱۔ اور یقیناً عنقریب وہ خوش ہو جائے گا۔ O

۹۳۔ سورۃ الضحیٰ

نام سے اللہ کے بڑا مہربان بخشنے والا O

۱. قسم ہے اس چمکیلے کی O

۲. اور اس سیاہی والی کی جب ڈھانپ لے O

۳. کہ نہ چھوڑا تمہیں تمہارے رب نے اور نہ ناپسند فرمایا O

۴. اور یقیناً پچھلی بہتر ہے تمہارے لیے پہلی سے O

۵. اور یقیناً عنقریب دے گا تمہیں تمہارا رب کہ تم راضی ہو جاؤ گے O

۶. کیا نہیں پایا تمہیں در یتیم تو خود ٹھکانہ دیا؟ O

۷. اور پایا تمہیں متوالا تو اپنی راہ دے دی O

۸. اور پایا تمہیں عیال والا پھر غنی کر دیا O

۹. تو یتیم پر تو دباؤ نہ ڈالو O

۱۰. اور رہے بھکاری تو انہیں جھڑکو نہیں O

۱۱. اور رہی اپنے رب کی نعمت تو اس کا خوب چرچا کرو O

۹۴۔ سورۃ الشرح

نام سے اللہ کے بڑا مہربان بخشنے والا O

۱. کیا نہیں کھول دیا ہم نے تمہارے لیے تمہارا سینہ ؟ O

۲. اور اتار رکھا تم سے تمہارا بوجھ O

۳. جس نے توڑ رکھی تھی تمہاری پشت کو O

۴. اور بلند فرما دیا ہم نے تمہارے لیے تمہارے ذکر کو O

۵. تو بیشک دشواری کے ساتھ آسانی ہے O

۶. بیشک دشواری کے ساتھ آسانی ہے O

۷.   تو جب نماز سے فراغت پا لی تم نے تو دعا کے لیے محنت کروO

۸.   اور اپنے رب ہی کی طرف توجہ رکھوO

۹۵۔ سورۃ التین

نام سے اللہ کے بڑا مہربان بخشنے والا O

۱۔ قسم ہے انجیر کی اور زیتون کی O

۲۔ اور مقام سینا کے طور کی O

۳۔ اور اسمان والے شہر کی O

۴۔ کہ یقیناً بیشک پیدا فرمایا ہم نے انسان کو بہت خوبصورت سانچے میں O

۵۔ پھر پھیر دیا ہم نے اسے نیچے سے زیادہ نیچے حال میں O

۶. مگر جو ایمان لائے اور نیکیاں کیں تو ان کے لیے بیحد ثواب ہے۔ O

۷. تو اب کیا چیز ابھارتی ہے تجھے جھٹلانے پر دین کو O

۸. کیا نہیں ہے اللہ سب حاکموں سے بڑا حاکم۔ O

۹۶۔ سورۃ العلق

نام سے اللہ کے بڑا مہربان بخشنے والا O

١. پڑھو اپنے رب کے نام سے جس نے پیدا فرمایا O

٢. اس نے پیدا کیا انسان کو لوتھڑے سے O

٣. پڑھو اور تمہارا رب بڑا کریم ہے O

٤. جس نے تعلیم دی قلم سے O

٥. سکھایا اس انسان کو جو کچھ وہ نہیں جانتا تھا O

٦. کیوں نہیں بیشک انسان یقیناً سرکشی کرتا ہے O

۷. اس پر کہ سمجھ لیا اپنے کو کہ سرمایہ دار ہو گیا ہے O

۸. بیشک تمہارے رب ہی کی طرف واپسی ہے O

۹. ذرا بتانا تو کہ جو روکتا ہے O

۱۰. بندہ کو جب اس نے نماز ادا کی O

۱۱. ذرا بتانا کہ اگر وہ ہوتا ہدایت پر O

۱۲. یا حکم دیتا پرہیزگاری کا O

۱۳. ذرا بتانا کہ اگر جھٹلایا اور روگردانی کی۔ O

۱۴. تو کیا نہیں جانا اس نے کہ بلاشبہ اللہ دیکھ رہا ہے O

۱۵. کیوں نہیں یقیناً اگر وہ نہ رکا، یقیناً کھینچیں گے ہم پیشانی کا بال
پکڑ کر O

۱۶. جھوٹی خطا کار پیشانی O

۱۷. تو مچائے دہائی اپنی جمعیت کی O

۱۸۔ ہم بھی جلد طلب کرتے ہیں اپنے پیاروں کوO

۱۹۔ کہ ہرگز ہرگز نہ کہا سنوان کا اور سجدہ کرو اور نزدیکی ہو جاؤO

۹۷۔ سورۃ القدر

نام سے اللہ کے بڑا مہربان بخشنے والاO

۱. بیشک نازل فرمایا ہم نے اس قرآن کو شب قدر میں۔O

۲. اور کیا اٹکل تمہیں، کہ کیا ہے شب قدر؟O

۳. شب قدر۔۔ بہتر ہے ہزار مہینہ سے۔۔O

۴. اترا کرتے ہیں فرشتے اور روح الامین اس میں، اپنے رب
کے حکم سے، ہر کام کے لیے۔O

۵. سلامتی ہے۔۔ یہ صبح نکلنے تک۔O

۹۸۔ سورۃ البینۃ

نام سے اللہ کے بڑا مہربان بخشنے والا O

١.   نہ تھے اہل کتاب کافر لوگ اور بت پرست باز آنے والے
اپنے دین سے، یہاں تک کہ آجائے ان کے پاس روشن دلیل۔ O

٢.   اللہ کا رسول تلاوت کرے پاکیزہ صحیفے۔ O

٣.   جس میں لکھی ہیں سیدھی باتیں۔ O

٤.   اور نہ پھوٹے یہ اہل کتاب، مگر بعد اس کے آگئی ان کے
پاس وہ روشن دلیل۔ O

۵۔ اور نہیں حکم دیے گئے مگر اس کا کہ پوجیں اللہ کو مخلصانہ عقیدہ کے ساتھ، یکسو ہو کر، اور پابندی کریں نماز کی، اور دیتے رہیں زکوٰۃ کو، اور یہ ہے سیدھا دستور۔ O

۶۔ بیشک کفار اہل کتاب و بت پرست لوگ، جہنم کی آگ میں ہیں، ہمیشہ رہنے والے اس میں، وہی بدتر مخلوق ہیں۔ O

۷۔ بیشک جو ایمان لائے اور نیکیاں کیں، وہی بہتر مخلوق ہیں۔ O

۸۔ ان کا ثواب ان کے رب کے پاس، بسے رہنے والے باغ ہیں کہ بہتی ہیں ان کے نیچے نہریں، ہمیشہ ہمیشہ رہنے والے اس میں، راضی ہوا اللہ ان سے، اور وہ راضی اس سے، یہ اس کے لیے جو ڈرا اپنے رب کو۔ O

۹۹۔ سورۃ الزلزلۃ

نام سے اللہ کے بڑا مہربان بخشنے والا O

۱. جب زلزلہ ڈال دیا گیا زمین میں، سخت زلزلہ۔ O

۲. اور نکال دیا زمین نے اپنے گراں خزانوں کو۔ O

۳. اور کہنے لگا انسان کہ کیا ہوا اسے۔ O

۴. اس دن بتا دے گی وہ اپنی خبریں۔ O

۵. کیونکہ تمہارے رب نے حکم بھیجا اسے۔ O

۶. اس دن واپس ہوں گے لوگ الگ الگ طرح سے، تاکہ دکھا دیے جائیں اپنے کیے کو۔ O

۷. توجو کرے ذرہ بھر بھلائی تو دیکھے گا اسے۔ O

۸. اور جو کرے ذرہ بھر برائی، تو دیکھے گا اس کو۔ O

۱۰۰۔ سورۃ العادیات

نام سے اللہ کے بڑا مہربان بخشنے والا O

۱۔ قسم ہے دوڑنے والوں کی ہانپتے۔ O

۲۔ پھر پتھر سے آگ نکالنے والے ٹاپ مار کر۔ O

۳۔ پھر تاراج کرنے والے صبح کو۔ O

۴۔ پھر اڑایا وہاں غبار کو۔ O

۵۔ پھر گھس پڑے وسط لشکر میں۔ O

۶۔ کہ بلاشبہ انسان اپنے رب کا ناشکرا ہے۔ O

۷. اور بیشک وہ اس پر یقیناً خود ہی گواہ ہے۔ O

۸. اور بیشک وہ مال کی محبت میں اکھڑ ہے۔ O

۹. تو کیا نہیں جانتا، کہ جب اٹھائے جائیں گے جو قبروں میں ہیں۔ O

۱۰. اور ظاہر کر دی جائے گی سینوں کی چیز۔ O

۱۱. تو بیشک ان کا رب انہیں اس دن یقیناً بتا دینے والا ہے۔ O

۱۰۱۔ سورۃ القارعۃ

نام سے اللہ کے بڑا مہربان بخشنے والا O

۱.   دہلا دینے والی۔ O

۲.   کیا ہے دہلا دینے والی؟ O

۳.   اور کیا اٹکل تمہیں کہ کیا ہے دہلا دینے والی؟ O

۴.   جس دن ہوں گے لوگ جیسے پریشان پتنگے۔ O

۵.   اور ہوں گے پہاڑ جیسے دھنی ہوئی اون۔ O

۶.   تو اب جس کی بھاری ہوئیں تولیں۔ O

۷.	تو وہ اپنے پسند کے عیش میں ہے۔ O

۸.	اور رہے وہ جن کی ہلکی ہوئیں تولیں۔ O

۹.	تو اس کی گود ہاویہ ہے۔ O

۱۰.	اور کیا اٹکل تمہیں کہ وہ کیا ہے۔ O

۱۱.	آگ ہے نہایت تیز گرم۔ O

۱۰۲۔ سورۃ التکاثر

نام سے اللہ کے بڑا مہربان بخشنے والا O

۱. غافل کر دیا تم کو مال بڑھانے کے حرص و فخر نے۔ O

۲. یہاں تک کہ تم نے اپنی اپنی قبر دیکھی۔ O

۳. شک ہر گز نہیں جلد ہی جان لو گے۔ O

۴. پھر نہیں کیا، جلد ہی جان لو گے۔ O

۵. نہیں کیا کاش جانتے تم لوگ یقین کا جاننا۔ O

۶. یقیناً تم لوگ دیکھو گے جہنم کو۔ O

۷۔ پھر یقیناً تم لوگ دیکھو گے اسے یقین کا دیکھنا۔ O

۸۔ پھر یقیناً پوچھے جاؤ گے اس دن نعمتوں کے بارے میں۔ O

۱۰۳۔ سورۃ العصر

نام سے اللہ کے بڑا مہربان بخشنے والا O

۱۔ قسم ہے اس عصر و زمانہ کی۔ O

۲۔ بیشک انسان یقیناً گھاٹے میں ہے۔ O

۳۔ مگر جو ایمان لائے اور نیکیاں کیں، اور باہم وصیت کی حق کی، اور باہم وصیت کی صبر کی۔ O

۱۰۴۔ سورۃ الهمزۃ

نام سے اللہ کے بڑا مہربان بخشنے والا O

۱. ہلاکی ہے ہر غیبت کرنے والے، طعنہ دینے والے کی۔ O

۲. جس نے جمع کیا مال اور گنتا رہا اسے۔ O

۳. سمجھتا ہے کہ اس کا مال ہمیشہ رکھ لے گا اسے۔ O

۴. ہرگز نہیں یقیناً وہ جھونکا جائے گا حطمہ میں۔ O

۵. اور کیا اٹکل تمہیں کہ کیا ہے حطمہ؟ O

۶. اللہ کی بھڑکائی آگ ہے۔ O

۷. جو چڑھ جائے گی دلوں پر۔ O

۸. بلاشبہ وہ ان پر بند کر دی گئی ہے۔ O

۹. لمبے لمبے کھمبوں میں۔ O

۱۰۵۔ سورۃ الفیل

نام سے اللہ کے بڑا مہربان بخشنے والا O

۱۔ کیا تم نے نہیں دیکھا کہ کیسا کیا تمہارے رب نے ہاتھی والوں کے ساتھ۔ O

۲۔ کیا نہیں کر دیا ان کے داؤں کو بے اثر۔ O

۳۔ اور چھوڑ دیا ان پر پرندوں کی ٹکڑیاں۔ O

۴۔ جو پھینکتی تھیں ان پر کنکر کی کنکریاں۔ O

۵۔ تو کر دیا انہیں جیسے کھایا ہوا بھوسہ۔ O

۱۰۶۔ سورۃ قریش

نام سے اللہ کے بڑا مہربان بخشنے والا O

۱. قریش کے دل کے جھکاؤ کے لیے۔ O

۲. ان میں خواہش ہو جانے کے لیے جاڑے اور گرمی کے سفر کا۔ O

۳. انہیں چاہیے کہ پوجیں اس بیت کعبہ کے رب کو۔ O

۴. جس نے کھانا دیا انہیں بھوک میں اور امن دیا انہیں خوف سے۔ O

۱۰۷۔ سورۃ الماعون

نام سے اللہ کے بڑا مہربان بخشنے والا O

۱. ذرا بتاؤ تو کہ جو جھٹلاتا ہے دین کو۔ O

۲. پھر وہ ایسا ہے کہ دھکے دے یتیم کو۔ O

۳. اور نہ ابھارے مسکین کو کھانا کھلانے پر۔ O

۴. تو ہلاکی ہے ان نمازیوں کی۔ O

۵. جو اپنی نمازوں کو بھول جانے والے ہیں۔ O

۶. جو دکھاوا کرتے رہتے ہیں۔ O

۷۔   اور مانگنے پر نہیں دیتے، برتنے کی چیز۔ O

۱۰۸۔ سورۃ الکوثر

نام سے اللہ کے بڑا مہربان بخشنے والا O

۱. بیشک دے چکا میں تم کو کوثر۔ O

۲. تو نماز پڑھو اپنے رب کی، اور قربانی کرو۔ O

۳. بیشک تمہارا گستاخ ہی ابتر ہے۔ O

۱۰۹۔ سورۃ الکافرون

نام سے اللہ کے بڑا مہربان بخشنے والا O

۱.   کہہ دو کہ اے کافرو!۔ O

۲.   نہ پوجوں میں جس کو تم پوجو۔ O

۳.   اور نہ تم پوجنے والے اس کے جس کو میں پوجوں۔ O

۴.   اور نہ میں پوجنے والا اس کا جس کو تم نے پوجا۔ O

۵.   اور نہ تم پوجنے والے اس کے جس کو میں پوجوں۔ O

۶. تمہارے لیے تمہارا اپنا بنایا دستور ہے اور میرے لیے الٰہی دستور۔ O

۱۱۰۔ سورۃ النصر

نام سے اللہ کے بڑا مہربان بخشنے والا O

۱۔ جب آ گئی اللہ کی مدد اور فتح۔ O

۲۔ اور دیکھا تم نے لوگوں کو کہ داخل ہو رہے ہیں اللہ کے دین میں فوج فوج۔ O

۳۔ تو پاکی بولا اپنے رب کی حمد کے ساتھ اور بخشش چاہو اس کی۔ بیشک وہ توبہ کا بہت قبول فرمانے والا ہے۔ O

۱۱۱۔ سورۃ المسد

نام سے اللہ کے بڑا مہربان بخشنے والا O

۱. برباد ہوں ابولہب کے دونوں ہاتھ۔ اور وہ برباد ہو چکا۔ O

۲. نہ کام آیا اس کے اس کا مال، اور جو کچھ کمایا۔ O

۳. جلد ہی جائے گا شعلہ والی آگ میں۔ O

۴. اور اس کی عورت لکڑیوں کا بوجھ اٹھائے۔ O

۵. اس کی گردن میں رسی ہے کھجور کے چھال کی۔ O

۱۱۲۔ سورۃ الاخلاص

نام سے اللہ کے بڑا مہربان بخشنے والا O

۱۔ تم کہتے رہو کہ وہی اللہ ہی یکتا ہے۔ O

۲۔ اللہ ہی بے نیاز ہے۔ O

۳۔ نہ بچہ جنا۔۔ اور نہ خود جنا گیا۔ O

۴۔ اور نہ اس کا کوئی کفو ہے۔ O

۱۱۳۔ سورۃ الفلق

نام سے اللہ کے بڑا مہربان بخشنے والا O

۱. دعا کرو کہ پناہ لیتا ہوں صبح کے پروردگار کی۔ O

۲. اس کی مخلوق کے شر سے۔ O

۳. اور اندھیرا کرنے والے کے شر سے، جب چھپ گیا۔ O

۴. اور گرہوں میں پھونک مارنے والیوں کے شر سے۔ O

۵. اور حسد کرنے والے کے شر سے، جب اس نے حسد
کیا۔ O

۱۱۴۔ سورۃ الناس

نام سے اللہ کے بڑا مہربان بخشنے والا O

۱.   دعا کرو کہ پناہ لی میں نے سب لوگوں کے رب۔ O

۲.   سب کے بادشاہ۔ O

۳.   ہر ایک کے معبود کی۔ O

۴.   وسوسہ ڈالنے والے، دبک جانے والے کے شر سے۔ O

۵.   جو وسوسہ ڈالتا ہے لوگوں کے سینوں میں۔ O

۶.   جن و انسان سے۔ O

***